Audrey E. McAllen

DIE FÖRDERSTUNDE

Übungen zum Bewegen, Zeichnen
und Malen für Kinder mit
Schwierigkeiten im Schreiben,
Lesen und Rechnen

Verlag Freies Geistesleben

Herausgegeben vom
FREIEN PÄDAGOGISCHEN ZENTRUM FÜR WALDORFPÄDAGOGIK
in Mannheim
als Arbeitsmaterial für Lehrer im Förderunterricht

Über die Autorin:

Audrey McAllen ist seit 1942 in der Waldorf-Erziehung tätig: Klassenlehrerin an der Michael-Hall-Schule, Sussex; Lehrerin für Förderunterricht an der Waldorfschule Gloucester.

Zur Zeit ist sie Leiterin eines Kindergarten-Lehrer-Ausbildungs-Kurses an der Wynstone-Schule, Gloucester (Mitglied der Internationalen Vereinigung der Waldorfkindergärten).

Ins Deutsche übersetzt von Gertraud Kein-Rush

Titel der im Selbstverlag von A.E. McAllen erschienenen englischen Originalausgabe:
THE EXTRA LESSON, exercises in movement, drawing and painting for helping children in difficulties with writing, reading and arithmetic.

CIP-Kurztitelaufnahme der Deutschen Bibliothek

MacAllen, Audrey E.:
Die Förderstunde: Übungen zum Bewegen, Zeichnen und Malen für Kinder mit Schwierigkeiten im Schreiben, Lesen und Rechnen / Audrey E. McAllen. [Hrsg. vom Freien Pädag. Zentrum für Waldorfpädagogik in Mannheim als Arbeitsmaterial für Lehrer im Förderunterricht. Ins Deutsche übersetzt von Gertraud Kein-Rush.
Stuttgart: Verlag Freies Geistesleben, 1982.
Einheitssacht.: The extra lesson (dt.)
ISBN 3-7725-0758-1

Der Übersetzung liegt der Text der zweiten überarbeiteten Auflage (1980) zugrunde.
Vom selben Autor liegt vor:
TEACHING CHILDREN TO WRITE: Its connection with the development of spatial consciousness in the child.

FRIEDRICH GEUTER

zum

GEDÄCHTNIS,

der mich ins Lebenswerk
Rudolf Steiners einführte
und mich dazu anregte,
Erzieher zu werden.

In dankbarer Anerkennung:

My warm thanks go to Miss Else W.Göttgens-Holland, for permission to publish her exercises based on the relationship between the senses: the rod rolling and counting star exercise and "Rhythmic Reading Technique".

The Editor: Rudolf Steiner-Nachlaßverwaltung Dornach, Switzerland, for permission to include an exercise by Rudolf Steiner;

Miss Joyce Russell, of Michael Hall School, Forest Row, Sussex, for reading the book in manuscript;

Mrs. Olive Tapp, for all the typing;

Dr. Alan MacAuslan, Initiator of the Reading Difficulties, Clinic of St. Thomas' Hospital, W.1. His suggestion, encouragement and interest gave the impetus to write this book,

and to
Mrs. Gertraud Kein-Rush, who, in the midst of a busy family life of teaching, has made this translation into German.

A. E. M.
Tuffley,
Gloucester

GELEITWORT

Das Buch "Die Förderstunde" ist aus der Praxis für die Praxis entstanden. Sein Verständnis setzt die menschenkundlichen Grundlagen der Waldorfpädagogik voraus. Ein wichtiger Teil dieser Grundlagen ist dabei die Sinneslehre Rudolf Steiners, die viele diagnostische und therapeutische Ansätze enthält. Ohne eine gründliche Kenntnis dieser Grundlagen wird weder eine sachgerechte Beurteilung noch eine verständnisvolle Anwendung möglich sein.

Die anthroposophische Pädagogik (Waldorfpädagogik) und Heilpädagogik verfügen über zahlreiche Ansätze der künstlerischen, medizinischen und heilpädagogischen Therapie. Sie verlangen in der Regel eine mehrjährige Ausbildung, die zur Befähigung auf einem der Gebiete führt (Heileurythmie, therapeutisches Malen, Heilpädagogik usw.). Mit diesen Möglichkeiten will "Die Förderstunde" nicht konkurrieren. Sie wendet sich vor allem an den Erzieher, der dem durch die Umwelt so häufig belasteten Kind bei Lernschwierigkeiten helfen will. In vielen Fällen werden stützende Maßnahmen durch die Heileurythmie und ähnliches notwendig und hilfreich sein.

Im Umgang mit lernschwachen Kindern wird der Leser sehr bald merken, daß die menschliche Beziehung Grundlage eines jeden Erfolges ist. Vor allem muß er lernen, vom Kinde abzulesen, was ihm notwendig und förderlich ist. In dem Maße, wie wir uns von den Kindern belehren lassen, werden wir selbständig helfende Maßnahmen finden und anwenden können. So wünschen wir der "Förderstunde" eine breite Leserschaft, die den Heranwachsenden helfend zur Seite stehen will.

FREIES PÄDAGOGISCHES ZENTRUM
Mannheim, Oktober 1981

Ernst Schuberth

I N H A L T

KAPITEL 1

Erziehung beruht auf der Entwicklung von Fähigkeiten. - Heute sehen wir uns mehr und mehr Kindern gegenübergestellt, die nicht fähig sind, den Grundanforderungen im Schreiben, Lesen und Rechnen zu genügen. Folglich ist es für diese Kinder schwierig, die heute für sie vorgesehene Art der Erziehung in sich aufzunehmen.

Als Lehrer geben wir unser Wissen weiter und freuen uns, wenn es auf gleiche Weise widergespiegelt wird. - Als Erzieher müssen wir uns die Frage stellen, welche Fähigkeit unser Unterrichtsgegenstand hervorruft und wie sich unsere Lehrmethode auf die geistige und körperliche Entwicklung auswirkt.

Sehen wir die Hefte von Kindern im Alter von 6-8 Jahren durch, so ist das Auge des *Lehrers* erfreut, schön geschriebene Arbeiten zu sehen. Unerfreulich sind jedoch die Hefte mit unsauberen, schlampigen und liederlichen Arbeiten. Den Erzieher macht es jedoch nachdenklich und läßt ihn überlegen:"Ist diese Sauberkeit und Geschicklichkeit zu genau für das Alter des Kindes?" - "Besteht die Gefahr eines Nachlassens um das neunte Jahr herum, wenn ein Wechsel zwischen der Selbsterfahrung des Kindes und seiner Umwelt eintritt?" (Karl König:"Die ersten drei Jahre des Kindes", Kap. 4; C. Brown:"Mein linker Fuß", Kap. 3 und 4). - "Wird uns solch ein Schüler im Alter von 12 Jahren eine wiederholende Beschreibung von sieben oder acht Seiten liefern können? Und birgt die ungeschickte Arbeit die Fähigkeit in sich, ein Erlebnis in wenigen aber anschaulichen Worten zu beschreiben? Oder ist die körperliche Entwicklung so schwierig, daß die Fähigkeiten darin untergehen und sich Trägheit, Entmutigung und Gemütsbewegungen entwickeln?"

Wenn es uns als Erzieher nicht gelungen ist, Fähigkeiten weiterzuentwickeln, müssen wir die Frage stellen: "Sind die erworbenen Kenntnisse, durch die diese Fähigkeiten entwickelt werden sollten, nicht ausreichend gewesen, oder wurden sie nicht im richtigen Alter an das Kind herangebracht?"

Die vom Autor entwickelten Arbeitsmethoden haben das Ziel, Erziehungsmittel zu finden, um dem Kind zu helfen, alle seinem Alter angepaßten Fähigkeiten soweit wie möglich zu entwickeln.

KINTERTYPEN MIT SCHWIERIGKEITEN IM SCHREIBEN, LESEN UND RECHNEN

<u>Kinder mit langsamer Entwicklung</u>
Aus irgendeinem Grund stark unter Druck gesetzte Kinder

<u>Gereizte, nervöse Kinder</u>
Kinder, die eine überängstigte, ehrgeizige Umgebung haben und von innen heraus die Angst der Erwachsenen widerspiegeln.

<u>Kinder mit emotionalen Problemen aller Art</u>

<u>Kinder mit körperlichen Problemen</u>
Geringfügige Gehirnschäden; leicht spastische Behinderungen (der Hände oder Beine)

<u>Legasthenie (Dyslexia)</u>
Schwierigkeiten mit der Seitendominanz und damit zusammenhängende Schwierigkeiten im Beherrschen der Beziehung von

konkav-konvexen Spiegelungen.

Kinder aller vorgenannten Gruppen haben durchweg Schwierigkeiten in der räumlichen Orientierung und ebenfalls eine Schwäche oder Unfähigkeit, sich ihre Sinneseindrücke vorzustellen.

Die Legastheniker-Gruppe weist außerdem Mängel bei der Wiedererkennung einer Verbindung von Klang und Symbolen auf und verfügt über eine nur sehr geringe Schreibfähigkeit.

Die Grundlage des Schreibens beruht auf einer guten Augen-Hand-Koordination, die aus rhythmischen Bewegungen hervorgeht. Das Lesen - so berichten uns moderne Untersuchungen - entsteht während winziger Pausen, in welchen die schnellen Bewegungen des Auges, die es rund um die Form der Buchstaben macht, diese ergreifen und begrifflich fassen läßt. Wir müssen beobachten, wie gut das Kind "in sich zu Hause" ist und wie gut es in der Koordination dieser Fähigkeiten zurechtkommt.

<u>Leistungs- und Fortschritts-Test</u>

Das Durchschnittsalter der betreffenden Kinder war 11-12 Jahre. Sie kamen zu uns, weil plötzlich ihre Probleme sichtbar wurden oder weil andere Methoden, die die Schreib-Lese-Schwierigkeiten behandeln sollten, versagten.

Benutzen Sie lose Blätter, die sich abheften lassen:

(1) Bitten Sie das Kind, den Namen oben auf das Blatt zu schreiben. Die meisten Kinder kommen damit zurecht.

(2) Sagen Sie ihm, es solle die Adresse dazuschreiben, so daß

Sie die Handschrift näher kennenlernen. Manche Kinder machen dies ohne weiteres. - Beobachten Sie den Gesichtsausdruck des Kindes - wird es ängstlich, oder beißt es die Zähne zusammen und wirkt grimmig? - Seien Sie bereit, den Prüfling zu "retten", wenn er steckenbleibt!

(3) Fragen Sie nach dem Datum, welches gesagt oder geschrieben werden soll. Es werden nur sehr wenige wissen, was für ein Datum "heute" ist. Beide, Stadt- und Landkinder, haben die Beziehung zur Zeit und zum Wechsel der Jahreszeiten heutzutage ziemlich verloren.

(4) Fordern Sie das Kind auf, in der Blattmitte eine Linie von oben nach unten zu ziehen. Dann lassen Sie auf einer Seite ein Kreuz zeichnen. Wenn das Kind fragt, was für ein Kreuz es zeichnen soll, antworten Sie, es könne eines wählen, das es gern mag.

Anmerkungen

Wenn eine Mittellinie gezeichnet wird, entsteht eine Teilung, und es wird eine Beziehung zwischen Links und Rechts zum Ausdruck gebracht.

Welche Seite hat nun das Kind gewählt? Aus Erfahrung könnten wir dazu sagen, daß ein Kind, welches die linke Seite wählt, imstande ist, das wahrzunehmen, was es im Moment tut, während im anderen Fall, wenn das Kreuz rechts der Mittellinie gesetzt wird, auf vorhandene Schwierigkeiten wie Konzentrationslücken und geistige Abwesenheit ("off moments") zu schließen ist.

In England sind zwei Kreuzformen bekannt: das senkrechte , genannt "St. Georgs" und das diagonale  = "St. Andrews".

Wählt ein Kind das *St. Georgs - Kreuz*, so deutet das auf eine langsame Reaktion im Bewegen hin und darauf, daß dieses Kind länger braucht, sich nach oben und unten zu orientieren.

Um dies noch näher zu erläutern, kann gesagt werden, daß der "Benutzer" des *senkrechten* Kreuzes - auf der *linken Seite* der Mittellinie - imstande ist, einen fallenden Gegenstand zu verfolgen und ihn rechtzeitig aufzufangen, obgleich ihm nicht bekannt ist, was den Fall verursacht hat.

Wer jedoch das *diagonale* Kreuz auf die *linke Seite* setzt, ist fähig, diesen Vorgang zu *sehen und* zudem fähig, zu *erklären*, was passiert. Aber das betreffende Kind wird kaum in der Lage sein, den Vorgang rechtzeitig zu verhindern, es sei denn, es ist eine starke Willenskraft vorhanden.

Unsere Schüler setzen meistens das Kreuz auf die rechte Seite der Mittellinie, was darauf hindeutet, daß Widerstände von seiten des Organismus bestehen und die wahrnehmende, physische Reaktion eingeschränkt ist.

Wir können uns sehr freuen, wenn Kinder später die *linke Seite* der Linie wählen, weil uns dies zeigt, daß unsere Arbeit von Nutzen ist.

Es ist sehr selten, daß die *Form* des Kreuzes gewechselt wird.

Dominanz
Seitendominanz

Damit ist der bevorzugte Gebrauch einer Körperseite gemeint.

Die meisten Menschen bevorzugen die rechte Seite.

Normalerweise sind wir "rechts-äugig", "rechts-händig" und "rechts-füßig"; ("rechts-beinig").

Babys sind von Geburt an beidseitig gleich. Eine Seitendominanz, d.h. es wird entweder die linke oder die rechte Seite stärker benutzt, entwickelt sich von selbst. Unvorsichtiges Handeln oder Überreizung der Sinnesorgane kann verursachen, daß z.B. eine bereits entwickelte rechtsseitige Dominanz abgebaut wird und die Dominanz auf die andere Seite des Körpers überwechselt.

Zum Beispiel kann die Augen-Dominanz vom rechten zum linken Auge und die Bein-Dominanz vom rechten zum linken Bein überwechseln.

Linkshändigkeit ist ein drastischer Wechsel der Dominanz und kann durch rechts-"äugige" und/oder rechts-"beinige" Dominanz noch komplizierter werden.

"Gemischte" Dominanzen werden öfters in Verbindung mit Schreib- und Lese-Schwierigkeiten festgestellt.

Jeder Dominanz-Wechsel sollte auf alle Fälle mit einem Arzt besprochen werden, und *nur der Arzt sollte entscheiden, was geschehen soll*, und das Kind müßte dann von ärztlicher Seite überwacht werden.

Wir können möglicherweise mit unserer Hilfe einen Dominanzwechsel z.B. bei Augen und Beinen, jeweils von links nach rechts, beeinflussen, sofern es sich um ein rechtshändiges Kind handelt.

In gleicher Weise können wir u. U. helfen, von rechts nach links einen Dominanzwechsel zu unterstützen, wenn der Arzt es für notwendig hält.

EINFACHE SEITIGKEITS-ÜBERPRÜFUNG

Halten Sie ein eingerolltes Papierfernrohr vor das Kind und fordern Sie es auf, durch dieses auf ein Bild zu schauen und es zu beschreiben. Notieren Sie, mit welcher Hand es das "Fernrohr" nimmt und welches Auge es wählt. Fordern Sie es auf, mit dem anderen Auge durchzuschauen. - Sieht es genauso viel? - Notieren Sie, wie es das Fernrohr wechselt. Führt es das Fernrohr mit der gleichen Hand direkt zum anderen Auge, oder nimmt es das Fernrohr vorher in die andere Hand?

<u>Vorhandene Dominanz</u>	Rechte Hand zum rechten Auge,
oder	linke Hand zum linken Auge;
<u>Gekreuzte Dominanz</u>	Rechte Hand zum linken Auge
oder	linke Hand zum rechten Auge.

Überprüfen Sie noch einmal die Dominanz des Auges, indem Sie das Kind auffordern, ein Auge zu schließen. Beobachten Sie, ob es die Hand benutzt oder ob es dies durch Lidmuskelbetätigung kann.

FUSS-DOMINANZ

Fordern Sie das Kind auf, auf einem Fuß zu stehen oder zu stampfen. Dabei kann sich eine gekreuzte Dominanz zeigen. Überprüfen Sie dies, indem Sie es auffordern, jetzt auf diesem Fuß zu stehen und ein Auge zu schließen. Oft wird der Fuß für einen Augenblick gewechselt, und dann geht die Wahl zurück auf den anderen. Dies zeigt uns, daß die Dominanz von oben nach unten nicht ganz vorhanden ist.

KOORDINATION VON HAND, AUGE UND SPRACHE

Legen Sie gemischte blau und rot gefärbte dicke Bohnen vor das Kind und stellen Sie ein Glas auf die linke und ein Glas auf die rechte Seite dazu. Fordern Sie das Kind auf, die Bohnen zu sortieren, - die blauen in das linke, die roten in das rechte Glas. Beobachten Sie die verschieden angewandten Methoden:

a) wahlloses Sortieren
b) Sortieren einer Farbe zuerst
c) Nimmt das Kind eine Handvoll Bohnen, achten Sie darauf, welche Hand es benutzt.
d) Wechseln von einer Hand zur anderen.

All dies ergibt ein Bild vom Grad der Unsicherheit und der Erschöpfung in der Koordination. Mit dem Zunehmen unserer Erfahrung kann eine feinere Wahrnehmung der Art der Geste in diesen Bewegungen wachsen: Hält das Kind die Handvoll Bohnen in einem Ausdruck der Gier oder Angst? - Das soll uns für den Augenblick vorbereiten, wenn die richtige Anekdote oder ein Wort der Ermutigung, von uns kommend, dem Kind in seiner moralischen Entwicklung helfen kann.

Nachdem die Bohnen sortiert sind, fragen wir das Kind, welche Farbe es besonders mag und wieviele Bohnen von dieser Farbe im Glas sind. Es ist normal, wenn ein Kind sich weigert zu raten. Ungeachtet der Reaktion schütten wir nun ein Glas aus und fordern das Kind auf, diese Bohnen in das Glas zurückzugeben und dabei laut zu zählen. Die Anstrengung zu sprechen und gleichzeitig zu handeln, wird Seufzer hervorrufen und uns zeigen, wie wenig "rhythmische" Kraft vorhanden ist. Das Sprechen

Zeichnen Sie zwei einfache Symmetrieformen, die eine mit waagerechter, die andere mit senkrechter Symmetrieachse, - auf ein großes Blatt Karton (Größe ca. 1,2 x 0,8 m) - eine Form auf die Vorderseite, die andere auf die Rückseite des Kartons (Abb. S.17). Der Schüler wird dann gebeten, sich davor auf den Boden zu setzen und die Formen anzuschauen. (Gelegentlich entdeckt man Kinder, die, obwohl sie die Zeichnungen gesehen haben und wissen, was gemacht werden soll, sich mit dem Rücken zur Zeichnung setzen. Dies weist nicht etwa auf einen Intelligenzmangel, sondern auf Desorientierung hin).

Nun zeigen wir dem Kind, wie man der Zeichnung mit der Hand folgt, die man gewöhnlich zum Schreiben benutzt, und zwar von links nach rechts; zuerst den oberen Teil der Form mit der waagerechten Achse oder der linken Seite bei der senkrechten Achse; dann den unteren Teil der waagerechten Achse bzw. den

Die Methode, Kinder in den Klassen 1-4 (7 bis 10 Jahre) zu testen

kann den Bewegungen vorauseilen, oder die Bewegungen überholen das Sprechen.

Fragen Sie nun, wieviele Bohnen seiner Meinung nach in dem anderen Glas sind. - Die Antwort steht gewöhnlich in keinem Verhältnis zur Wirklichkeit.

Aus der Durchführung dieses Tests können wir ersehen, ob dieser als Therapie geeignet ist, um vorhandene Schwierigkeiten beseitigen zu können.

HÄNDIGKEITS-TEST (Handedness-Test)

rechten Teil bei der senkrechten Achse. Nachdem wir das erklärt haben, sagen wir dem Kind, den Formen nun mit verschiedenen Teilen des Körpers zu folgen - mit den Füßen, Händen und Augen. Dabei darf das Kind auf eigenen Wunsch die Zeichnung berühren oder auf Punkte zeigen.

Der Schüler beginnt mit eng zusammengehaltenen Füßen. Auf einem vorbereiteten Schema (siehe Zeichnung) werden Anfangspunkte und irgendwelche Schwierigkeiten notiert (siehe Beispiel Seite 17).
Dann fordern Sie den Schüler auf, die Form mit dem Fuß "nachzuziehen", dann einen Fuß und eine Hand zu wählen; danach einen Fuß und ein Auge. - In seiner Wahl beginnt sich die Diskrepanz zwischen Koordination und Bewegung selbst zu zeigen.

Als nächstes wird er aufgefordert, seine Hände zusammenzulegen und die Form zu "zeichnen". Faltet er seine Hände? Hält er die Handflächen nach unten, oder hält er sie aneinander, oder benutzt er vielleicht den gestreckten Zeigefinger? - Man kann aus diesen Gesten über das Verhältnis des Kindes zu den sich ausdehnenden und aufrichtenden Elementen (stretching and lifting movements) seines Körpers (innerlich gemeint) und seiner räumlichen Verbindung mit links-rechts, oben-unten, viel ersehen.

Nun folgt die Wahl einer Hand, einer Hand und eines Auges und zuletzt eines Auges, das allein der Form folgt.

Einige Kinder schließen das unbenutzte Auge durch Muskeltätigkeit, andere müssen es abdecken. Wahrscheinlich können wir auch Kinder beobachten, die, während sie eine Hand und ein Auge benutzen, das andere Auge abgedeckt haben, plötzlich das Auge wechseln und das andere durch Muskeltätigkeit schließen, indem sie von sich aus neu wählen.

Auf diese Art können wir erkennen, wie die Willenskräfte über den Körper verteilt sind.

Wir sollten dann Vergleiche ziehen, die im Gegensatz zum Test zur einfachen Dominanz stehen, was wir bereits durchgeführt haben.

HÄNDIGKEITS-TEST für Kinder <u>ab</u> 11 Jahre (S. 10, 17)
- Wir zeigen damit die Beziehung zum dreidimensionalen Raum -

Wir benötigen zwei großformatige Blätter aus dünnem weißem Karton, die senkrecht an die Wand gelehnt werden können (Größe ca. 1,2 x 0,8 m). Auf eine Seite des einen Kartons zeichnen wir einen r o t e n Kreis, so groß wie es der Karton erlaubt. Auf die andere Seite zeichnen wir ein Quadrat, dessen linke und obere waagerechte Seite b l a u und dessen rechte und untere waagerechte Seite r o t gezeichnet werden.

Auf den *anderen* Karton zeichnen wir eine um eine Horizontale gespiegelte Form und auf die Rückseite eine gespiegelte Form um eine vertikale Achse. (Siehe Abb. S.17))

Wir wollen nun herausfinden, welche Art Augenbewegung, Hand- und Gliedmaßenbewegung (Bewegungsmuster) das Kind in der Beziehung zu Raumformen hat. (Ein Dreieck war ursprünglich auch in diese Abfolge eingeschlossen, aber es lieferte nicht mehr Information als das, was die anderen zwei Formen schon zeigten.)

Lassen Sie das Kind die Schuhe ausziehen und sagen Sie, es solle sich vor den Karton mit dem Kreis auf den Fußboden setzen (der Karton ist an die Wand gelehnt). Fordern Sie es auf, mit den Füßen den Kreis zu umschreiben - beide Füße zusammengehalten. Es darf den Karton auch berühren, wenn es will. Wir notieren uns, wo es anfängt und in welche Richtung es die Bewegung macht. Nun verlangen wir, diesen Kreis nachzuzeichnen und verschiedene Körperteile in folgender Reihenordnung zu wählen:

beide Füße zusammen -
einen Fuß -
Fuß und Auge -
Fuß und Hand -
Fuß, Hand und Auge -
beide Hände zusammengehalten -
eine Hand -
Hand und Auge -
dann soll es rund um den Kreis blicken,
wobei ein Auge bedeckt bleibt.

Wiederholen Sie diese Folge mit anderen Formen.

Wir notieren uns, wo das Kind mit den Formen beginnt, welche Richtung es einschlägt und die Wahl der Gliedmaßen. Unsere Beobachtungen werden zeigen, daß geometrische Formen wie Kreise und symmetrische Formen wie gerade Linien oder als fortgesetzte Kreise gehandhabt werden und daß eine große Diskrepanz in der Wahl des benutzten Körperteils besteht; sogar bei Kindern mit voll ausgebildeter rechtshändiger oder linkshändiger Seitendominanz.

Eine Übung zur Festigung der koordinierten Seitendominanz, und um korrekte Bewegungsmuster zu produzieren, - eine für die rechte und eine für die linke Körperseite - wird später beschrieben (genannt "Übung am rechtwinkligen Dreieck") (siehe S. 53).

DIE BLUMENSTAB-ÜBUNG (Lemniskate um eine gerade Linie)

Diese Übung zeigt uns, ob das Kind in der Lage ist, sich innerlich die räumlichen Dimensionen vorzustellen. Fordern Sie das Kind auf, zwei bunte Malstifte zu wählen und einen davon Ihnen zu geben. An seiner Seite sitzend, zeichnen Sie - oder das Kind - eine senkrechte Linie auf ein Blatt Papier. Dann beginnen Sie oben an der Linie und zeichnen eine Seite der Lemniskate, wobei Sie die vertikale Linie in der Mitte schneiden bzw. halbieren. Fordern Sie das Kind auf, diese Form auf der anderen Seite der Mittellinie zu spiegeln. Die meisten Kinder werden wie Sie oben beginnen; andere werden die Linie fortsetzen. Wir können dann sagen, daß "wir eine Art Blumenzwiebel und Knospe gezeichnet haben und daß nun die Sonne kommt und sich ein Blatt öffnet." Mit etwas Abstand von der geschlossenen Form beginnen wir oben eine an der Spitze offene, halbe Lemniskate zu zeichnen, das Kind soll diese ebenfalls spiegeln. Wiederholen Sie dies noch einmal. - Nun wiederholen Sie die gesamte Form, beginnen jedoch auf der rechten Seite. Schließlich fordern Sie das Kind auf, dies aus dem Gedächtnis zu zeichnen.

Die gezeigten Beispiele (siehe Seite 18)
geben eine Vorstellung, was dabei herauskommen kann. Dies ist sowohl eine therapeutische Übung als auch ein Test. - In manchen Fällen kann es passieren, daß ein Kind mit einem guten Ergebnis einige Zeit durch eine Art Kollaps ("Zusammenbruch") geht.

Aus dieser schönen Form können wir ersehen, ob das Kind die Fähigkeit besitzt, innerlich von einer gewölbten (konvexen) zu einer hohlen (konkaven) Spiegelung zu wechseln und den Willen hat, aufnahmebereit zu sein.

TEST ZUR FARBNEIGUNG DES AUGES (Bewußtsein des inneren Körperraumes)

Bisher haben wir versucht herauszufinden, wie das Kind seinen Körper in Beziehung zum Raum a u ß e r h a l b seiner selbst sieht und ob es fähig ist, sich dies i n n e r l i c h vorzustellen.

Nun wollen wir versuchen, eine Vorstellung davon zu bekommen, wie frei das Kind in seiner *inneren Beziehung zum Raum* lebt.

Die Farben Blau und Rot haben ihre eigenen objektiven Qualitäten. Blau gehört zu dem Raum, der sich ausdehnt, der sich erweitert und uns umgibt. Wir erfahren dies am Himmelblau. - Rot ist eine Farbe, die zusammenzieht und auf uns zukommt. Es ist eine aktive Farbe. Blau ist eine passive Farbe. Wenn wir diese Farben innerlich empfinden, werden unsere Gefühle angeregt.

Unsere Augen haben fest umrissene Aufgaben. Das linke Auge ist das aktivere im Überblicken eines Raumes, während das rechte Auge mehr die Dinge herausgreift und einem bestimmten Punkt zuordnet; z.B. wenn wir mit einem Gewehr ein Ziel anpeilen. - Beobachtungen, die E. LEHRS in seinem Buch "Mensch und Materie" geschildert hat, zeigen, daß ebenfalls eine objektive, physiologische Beziehung zwischen dem linken Auge und der blauen Farbe, sowie dem rechten Auge und der roten Farbe besteht.

HÄNDIGKEITSTEST

Erziehung zum dreidimensionalen Raum

für Kinder ab 7 Jahre

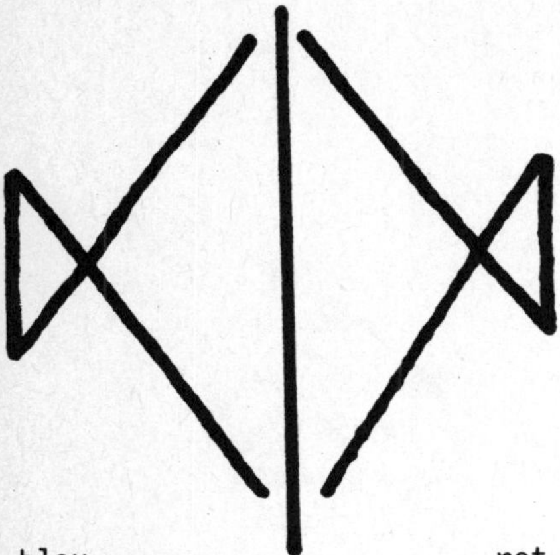

blau rot

für Kinder ab 11 Jahre

blau rot

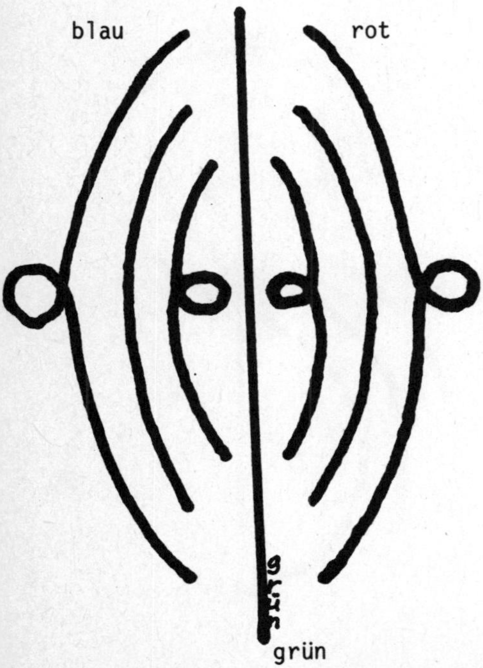

grün

Korrigierende Übung S. 52

blau

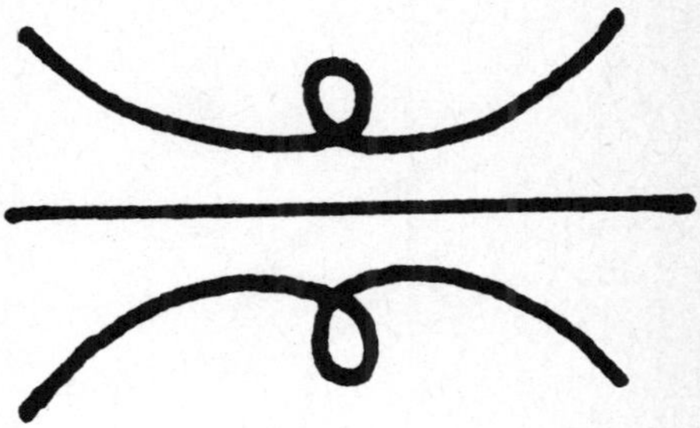

rot

Korrigierende Übung S.49 f.

blau

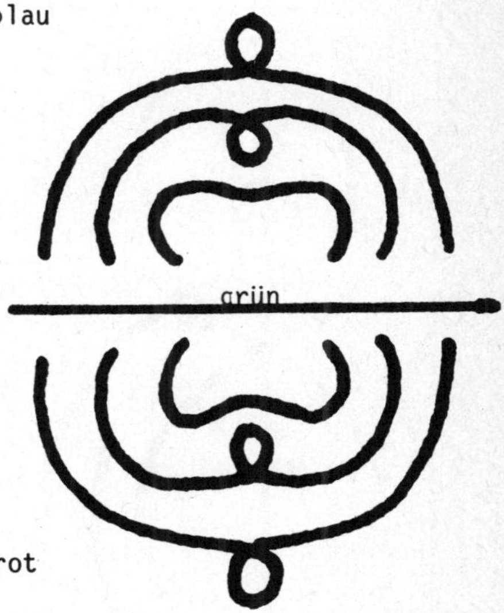

rot

DIE "BLUMENSTAB"-ÜBUNG

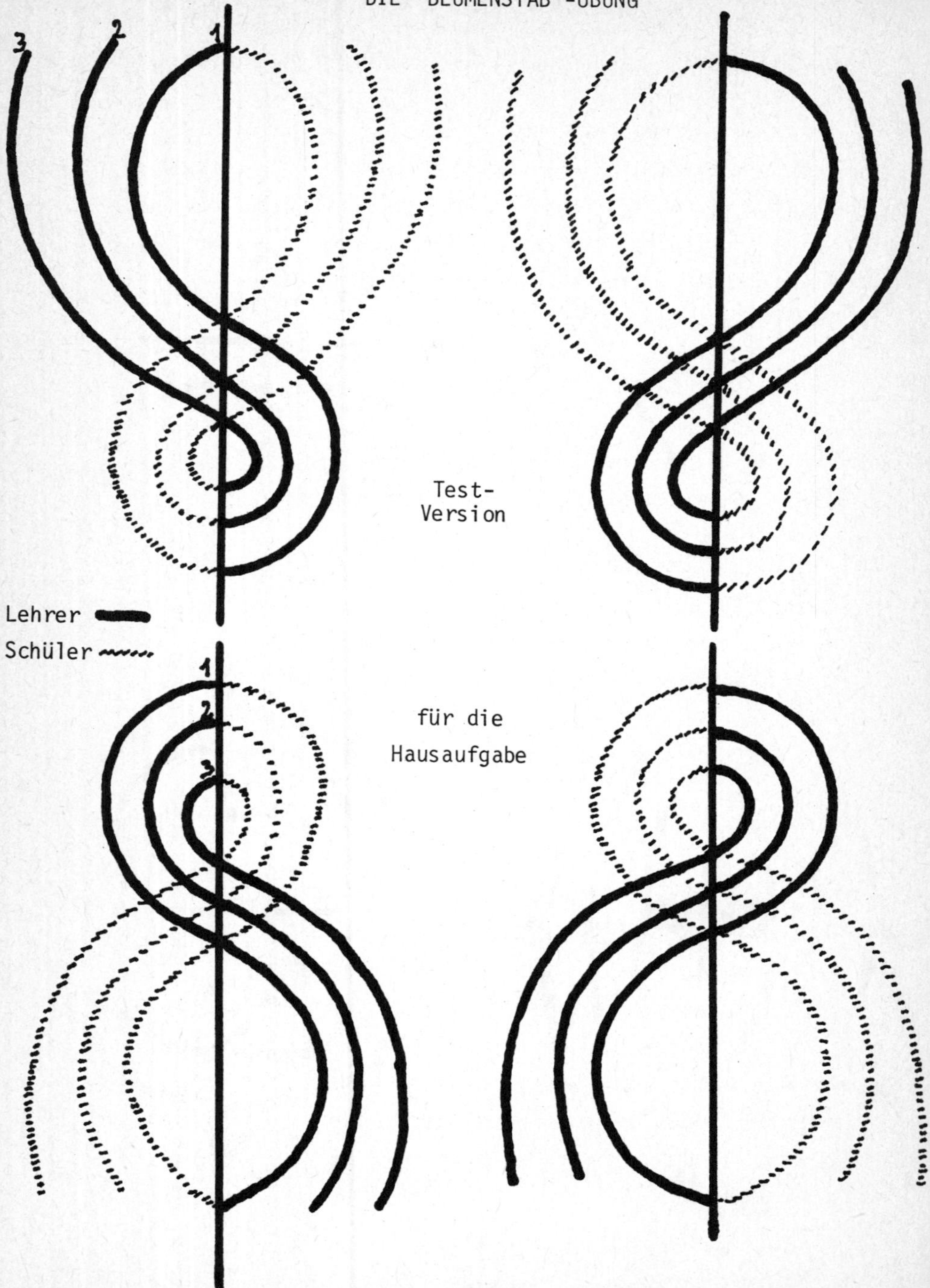

Wenn Schüler aufgefordert werden, eine Zeichnung mit einem blauen Mond und einer roten Sonne zu machen, so ist mancher imstande, dies so anzufertigen, daß die blaue Farbe mit dem linken Auge auf der linken Seite des Papiers korrespondiert und das Rot mit dem rechten Auge auf der rechten Blatthälfte. Andere Kinder "vertauschen" die Farben. Wir können feststellen, daß sich, wenn ein Schüler mit den "vertauschten" Farben die in diesem Buch beschriebenen Übungen einige Zeit gemacht hat, ein Fortschritt in der richtigen Plazierung der Farben zeigt. Wenn die Farbneigung des Auges "vertauscht" ist, kann man sagen, daß hier die Willenskräfte des Menschen von Gewohnheiten und Aktivitäten des Organismus im Körper beherrscht werden und er "schlafend" und passiv das erlebt, was er nachahmt und von seinen Eltern ererbt hat.

Mit diesem Test fragen wir, bildhaft ausgedrückt: "Reitest du dein Roß, oder mußt du es tragen?" - Wenn es uns gelingt, die richtige Farbneigung auszubilden, wissen wir, daß wir die Individualität in sich selbst gestärkt haben.

BEOBACHTUNGEN

Wenn das Kind fragt, ob es einen Voll- oder Halbmond malen soll, sagen Sie ihm, den Mond zu malen, den es am liebsten mag. Sorgen Sie dafür, daß eine große Auswahl an Farben vorhanden ist, unter welchen das Kind wählen kann. Notieren Sie, mit welcher Hand es wählt. Manche Kinder werden nicht "hören", was gesagt wurde und nehmen Gelb anstelle von Rot. Andere werden ein Feuer-Rot nehmen. Manche werden das Rot mit Gelb vermutlich übermalen. Manche werden um das Rot mit Orange und Gelb herummalen.

Dies sind alles Zeichen von Spannungen und Überreizung im "ausdehnenden" Element ("stretching element"). Sobald Entspannung und Harmonie erreicht sind, verschwinden die Nebenfarben, und das Karminrot wird benutzt.

Auch der Halbmond wird "wachsen", wenn die Übung am "rechtwinkeligen Dreieck" durchgeführt wurde, was uns zeigt, daß ein Gleichgewicht zwischen "Ausdehnung und Aufrichten" (stretching and lifting) entstanden ist.

SPIEGELUNGS-TEST UND -ÜBUNG:

Dies soll zeigen, ob die Unabhängigkeit zwischen Hören und visueller Aktivität ausgebildet ist.

Indem Sie dem Kind gegenüber sitzen, sprechen und üben Sie gleichzeitig mit ihm. Achten Sie dabei darauf, daß es dem *Wort-Befehl* gehorcht und nicht dem sichtbaren Bild. Mit geschlossenen Händen (Fäusten) und in Brusthöhe gekreuzten Armen sagt der Lehrer:

"Rechte Hand" - heben Sie Hand und Arm nach rechts - weg vom Körper. Öffnen Sie die Faust und strecken Sie die Finger. Kehren Sie in die erste Stellung zurück.

"Linke Hand" - diese Hand macht die entsprechende Bewegung nach links.

"Links und rechts zusammen"

(Beide Übungen machen Lehrer und Kind gleichzeitig)

Öffnen Sie die gekreuzten Arme und die Hände zweimal und gehen Sie bei den Wörtern "und" und "zusammen" in die erste Position zurück.

Wiederholen Sie das so lange, bis ein gewisser Rhythmus erreicht ist. Aber korrigieren Sie nicht während der Übung. Lassen Sie die Bewegungsaktivität in das Bewußtsein eindringen. Das Kind wird "hören", wenn die "aufrichtenden" Bewegungen (lifting movements) von der Vorherrschaft der "ausstreckenden" Bewegungen (stretching movements) entlastet werden (siehe Kapitel 2).

Nun benutzen Sie die Füße. - Stehend, die Füße fest zusammen, sagt der Lehrer:

"Rechter Fuß"	- mit dem rechten Fuß einen Schritt nach rechts - und zurück in die Ausgangsposition.
"Linker Fuß"	- mit dem linken Fuß nach links
"Hüpf!"	- hüpfen Sie mit gespreizten Beinen
"Kreuzen!"	- hüpfen Sie mit gekreuzten Beinen
"Hüpf!"	- hüpfen Sie mit gespreizten Beinen
"Zusammen!"	- hüpfen mit geschlossenen Füßen

Wiederholen.

Sobald die Hände und Füße des Schülers die Bewegungen des

Lehrers nicht mehr widerspiegeln, kombinieren Sie die Bewegungen. Wechseln Sie die Armbewegungen ab und zu, mit "auf" und "ab", und dann umgekehrt.

Sobald die Handbewegungen schwächlich sind und das Kind bezüglich Rechts und Links unsicher wird, lassen Sie es mit einem Farbstift den Umriß um jede Hand zeichnen und dann ausmalen. Das ist eine gute Hausaufgaben-Übung.

BEOBACHTUNGEN

Die Hände wirken kraftlos mit keinerlei Bewußtsein in ihren Bewegungen. Allmählich werden die Oberarme dicht am Körper gehalten, und es entsteht ein mechanisches Kreuzen und Entkreuzen. Übertreiben Sie Ihre eigenen Armbewegungen, bis sie richtig nachgemacht werden.

GESAMTKÖRPERKONTROLLE

Lassen Sie das Kind sich auf den Boden legen und beide Füße zusammenhaltend so hoch wie möglich heben, *ohne die Beine zu beugen.*

BEOBACHTUNGEN

Manche Kinder können das nicht machen, was zeigt, daß eine Lücke in der Kontrolle zwischen "oben-unten" existiert. Andere Kinder müssen zuerst ein Bein heben, ehe sich das andere dazugesellen kann. Hier zeigt sich die Diskrepanz in der Links-rechts-oder Rechts-links-Kontrolle. Beginnen Sie mit solchen Kindern sofort die "Kriechübungen".

VERSCHIEDENE DIAGNOSE-STUFEN

Diese Tests zeigen uns, was wir bereits auf der einen oder anderen Stufe vermutet haben. Sie bestätigen die Richtigkeit unserer Beobachtungen. Deshalb wirken sie wie eine Warnung: "Paß auf und sieh zu, wo sich Schwierigkeiten zeigen, und unternimm etwas, ehe die Situation festgefahren ist!"

Der Farbneigungstest fordert uns auf, folgendes zu *beobachten*:

(1) Die Konstitution des Kindes - ist sie kränklich? Hat das Kind eine schwache Atmung? Hat es ständig kleinere Kränklichkeiten?
Solange das Nerven-Sinnes-System gut in Ordnung ist, muß sich das nicht unbedingt auf das Lesen und Schreiben auswirken. Es ist wahrscheinlicher, daß es die Überreizung dieses Systems ist, das die Lebenskraft des Kindes aufsaugt.

(2) Die Verhaltensprobleme im Klassenzimmer und zu Hause. - Sind es Umgebung und Vererbung, die das Kind zwingen, 'das Roß zu tragen?'

(3) Die Entwicklung der intellektuellen Fähigkeiten. -
Eine Blockierung auf einer dieser Stufen wird vermutlich auftreten, es sei denn, es wird rechtzeitig geholfen.

Wenn der "Blumenstab-Test" ebenfalls schlecht ausgefallen ist, dann sitzt die Schwierigkeit tief, und es wird länger dauern, bis sich Ergebnisse zeigen.

Wenn sich eine Unregelmäßigkeit im Kreuztest zeigt und das

Kind eine Linie quer durch die Vertikale zeichnet, während es das Blatt teilt, wird die Entwicklung sehr langsam und schwierig sein; und bei gewissen Typen müssen wir, je nach Geschichte des "Falles", einen physiologischen Schaden vermuten.

Die einfachste diagnostische Beobachtung, die wir machen können, ist: zu beachten, welche Kinder in der Klasse ihren Bunt- oder Bleistift mit der linken Hand nehmen und ihn zur Benutzung in die rechte Hand geben. Diese Kinder haben bereits Schwierigkeiten mit ihrer "Körper-Geographie" und der räumlichen Orientierung. Sie brauchen unmittelbare Hilfe, damit die Entwicklung der Fähigkeiten auf normale Weise fortgesetzt werden kann.

Wichtige Bemerkung zur Unabhängigkeit zwischen Sehfähigkeit, Seitendominanz und Farbneigung des Auges

SIE BEDINGEN EINANDER KEINESWEGS.

Stärke der Sehfähigkeit, Weit- oder Kurzsichtigkeit, unterschiedliche Sehstärke, Astigmatismus - dies alles gehört zur physischen Konstitution und berührt die Wahl der Seitendominanz nicht, z.B. kann ein Kind bei wohlausgebildeter Rechtsäugigkeit und Rechtshändigkeit ein sehr sehtüchtiges linkes Auge haben.

Dominanz einer Seite

Mit Vorliebe wird eine Seite des Körpers mehr gebraucht, und zwar von der Mehrzahl der Menschen die rechte Seite.

FARBNEIGUNG DES AUGES (Innere Beziehung zum Raum)
(Mond-Sonne-Test S. 122)

Die Farbneigung des Auges,

Blau für das linke Auge, Rot für das rechte Auge, entwickelt sich und ist für gewöhnlich im Alter von 6-7 Jahren ausgebildet. Dieses und der "Kreuz-Test" sind die beiden einzigen Faktoren, die an sich nicht als Therapie-Übung für die Unterrichtsstunden anwendbar sind. Der Farbneigungstest des Auges kann für den Lehrer eine lebendige Sprache werden. Es ist eine Antwort, die das Kind auf die unausgesprochene Frage gibt: "Bist du fähig, in deinen Körper zu gelangen? (sich hineindenken) Bist du wirklich in dir selbst wach?"

Es sollte klargestellt sein, daß die Farbneigung des Auges keinerlei Bezug zur Seitendominanz oder Sehfähigkeit hat. Ein Kind mit entwickelter Linkshändigkeit kann eine völlig korrekte Farbneigung haben, ebenfalls Kinder mit Kurzsichtigkeit auf einem oder beiden Augen. Wenn die Farben "vertauscht" sind (Rot - links, Blau - rechts) und es den Anschein hat, als hätte das Kind keine Probleme, kann es sein, daß sich das Kind in einem Anpassungsprozeß zu einer neuen Entwicklungsstufe befindet. Dies korrigiert sich von selbst, sobald der neue "Schritt" abgeschlossen ist, z.B. im neunten Lebensjahr, wenn das Kind sich in seiner Umgebung als separates Wesen zu sehen beginnt. (Siehe KÖNIG "Die ersten drei Jahre eines Kindes", S. 120 f.) Die Farbneigung kann sich "drehen" (kann umschlagen), wenn ein Kind physisch oder intellektuell überanstrengt wird. Oder auch, wenn im häuslichen Leben emotionale Schwierigkeiten vorhanden sind, wie z.B. Differenzen zwischen den Eltern; oder auch nach Krankheiten. "Reversals" sind Zeichen einer frühen Warnung von Schwierigkeiten, die mit der geeigneten Übung aus einer der gegebenen Gruppen behoben werden können. Sobald es sich selbst korrigiert, ist das Kind stark genug, seine Entwicklung ohne Hilfe fortzusetzen.

Die Erfahrung hat gezeigt, daß dann, wenn sich ungewöhnliche Abweichungen in der Farbwahl wiederholen - z.B. Rot-Gelb oder Mischfarben übereinander, zusammen mit einer unnatürlichen Plazierung der Formen wie z.B. Malen in der äußersten Ecke eines Blattes oder sehr dicht beieinander - das Kind von einem Psychiater untersucht werden sollte. Die Probleme, um deretwegen das Kind zu uns geschickt wurde, stammen aus tieferen Ursachen als jene, welche allein durch Erziehungsmittel bewältigt werden können.

Während des Farbneigungstests wurden die Wortformulierungen und die Anordnungen der Farben *in allen möglichen Variationen gegeben.* In der allgemeinen Praxis erweist es sich als ratsam, sich an die normale Reihenfolge wie beim Schreiben, d.h. von links nach rechts (Mond und Sonne) zu halten.

Dieser Test wurde von Kollegen den Klassen als ein Ganzes gegeben. Ebenso wurde er allen Kindern einer Klasse einzeln gegeben. Die umgekehrte Farbneigung (Rot - links, Blau - rechts) war verhältnismäßig selten feststellbar (1974). In den nachfolgenden Jahren hat sich dieses Phänomen jedoch stärker bemerkbar gemacht. Die Autorin hatte auch Gelegenheit, diese Tests mit Kindern in holländischen Schulen durchzuführen.

Ein wesentlich höherer Anteil von Kindern mit "verkehrter" Farbneigung ist in den Klassen an Schulen für behinderte Kinder zu finden.

KAPITEL 2

WIE KOMME ICH IN MEINEN KÖRPER HINEIN?

Dies ist die unausgesprochene Frage, die jedes Kind an seine Eltern und Lehrer stellt. Sie antworten mit der Art der Bewegungen, der eigenen Gesten und Verhaltensweisen. Diese ahmt das Kind treu mit jeder Bewegung seines Körpers nach, bis sie Teil seiner selbst sind. Gehen wir hinter einer Mutter mit einem Drei- bis Vierjährigen her, können wir sehen, mit welcher Liebe und Aufmerksamkeit das Kind von innen heraus teilnimmt, das Beispiel nachzumachen, das gezeigt wird. Nun gehen wir hinter einer Gruppe heimgehender Schulkinder her: Einige werden auf den Fußballen springend und hüpfend daherkommen, wobei die Fersen selten den Boden berühren. Andere werden auf flachen Füßen die Straße entlangstapfen. Dann sieht man herausgedrückte Hinterteile, einwärtsgekehrte Zehen und unrhythmische Bewegungen. Andere Kinder schreiten fest und vertrauensvoll in einem gleichmäßigen Rhythmus aus. Das sind diejenigen, die aufgrund ihrer individuellen Kraft die bisher imitierten Bewegungen allmählich umwandeln, bei welchen sich nun die eigenen, bisher verborgenen Fähigkeiten im Ausdruck zeigen.

Wenn Kinder in den nachgeahmten Bewegungen "untergetaucht" sind und nicht die Kraft aufbringen, sich selbst zu befreien, dann umhüllt sie der Körper nicht mehr wie ein Handschuh, sondern er wird zu einer entmutigenden Bürde, die sie mit sich herumzuschleppen haben.

Die vorangegangenen Tests geben uns ein Bild von der Situation des Kindes, wenn es diesen Zustand erreicht hat.

Wie kommen wir aber nun in unseren Körper hinein? Wir können uns das ungefähr vorstellen, wenn wir jemanden beim Aufwachen beobachten. Plötzlich wissen wir, man ist wach,und man verspürt eine fast unmerkliche Bewegung. Man streckt sich, hebt den Kopf oder Arm und spricht wahrscheinlich. In der Reihenfolge dieser Bewegungen - Strecken - Aufrichten - Sprechen sehen wir, wie der Erwachsene in seinen Körper "hineinschlüpft" und davon Besitz ergreift. - Im Augenblick der Geburt sind diese Bewegungen ineinandergeschoben. In den ersten drei Lebensjahren folgen diese nacheinander in einer rhythmischen Abwicklung. Und jeden Morgen wiederholen wir innerhalb weniger Sekunden das in unseren ersten drei Lebensjahren Erreichte.

Sobald ein Baby den Kopf bewegen und seinen Blick ausrichten kann, streckt es seine Hände aus, um das zu ergreifen, was es sieht. In diesen ausstreckenden, greifenden Handbewegungen koordiniert es sein Auge mit der Raumesorientierung. Es bahnt seinen Weg in die Welt des sinnlich Wahrgenommenen, von dem es umgeben ist. Es ahmt Gestalt und Handlung nach. Seine individuellen Reaktionen, Schmerz, Freude, Zweifel, Furcht werden innerlich als Gesten widergespiegelt, die in seinem "lifting movement system" (aufrichtenden Bewegungssystem) festgehalten sind. Jedes Kind hat seinen individuellen Augenblick, wenn es die Schwerkraft erfolgreich überwindet und aufrecht stehen und vorwärts gehen kann. Dies ist eine bedeutsame Stufe der "Willens"ausbildung. Durch das Aufrichten, Gehen und Tanzen behaupten wir unseren Willen über das Gewicht unseres physischen Körpers.- All das hat durch Vererbung und Nachahmen der Umgebung Gestalt bekommen.

In den Bewegungen des "Ausstreckens", "Greifens" und "Aufrichtens" sehen wir das Ineinanderspielen von Wirkungen der Sinneswelt und des Willensvermögens des Menschen als Antwort.

Von Geburt an wird das Kind von einem Strudel von Sinneseindrücken umgeben, und viele dieser Eindrücke sind heute in ihrer Art so, daß man sie nicht zu den natürlichen Erlebnissen der Kindheit zählen kann. Zum Beispiel gibt es die Vervielfältigung von "Bildern", die ohne unsere Kontrolle auftauchen und wieder verschwinden, wie z.B. im Fernsehen und schnellen Fahren. Solche Dinge rufen starke Reaktionen in den Gefühlen eines Kindes hervor, dazu innere Gesten mit dem Ergebnis der Zurückziehung. Sie wurzeln sich nach und nach als verborgene "Gewohnheitsgesten" im "Aufrichte-System" (lifting-system) ein. (Siehe: Beobachtungen zur Kriechübung, Kapitel 3). Sie wirken als Hindernis auf wesentliche Bewegungen. Das Kind fühlt die Frustration des Willens und versucht, da hindurch einen Weg zu finden, und zwar durch geschicktes Vermeiden oder einen Ausgleich. - Gekreuzte Seitendominanz, Linksseitigkeit, psychologische Proteste können sich ergeben, bis schließlich Fehler in der Entwicklung der Fähigkeiten auf die Lage des Kindes aufmerksam machen. Der Überstress der "ausstreckenden" Bewegungen, bezogen auf unseren gegenwärtigen Lebensstil; dann der psychologische Antrieb für frühzeitigen intellektuellen Erwerb von Kenntnissen, der auf Sinneskoordination und rasche Antwort baut, - all dies berührt die Entwicklung der räumlichen Beziehungen und ihrer inneren Verbindung der "konvexen und konkaven" Spiegelung, an welcher das Kind mit seinem Willen aktiv teilnehmen sollte.

Wir verwenden "konvexe" Spiegelung, wenn wir einer Person eine Landschaft beschreiben. Wir geben die Richtungen des Standpunktes nach unserem eigenen Links und Rechts an. Genauso wie unser eigenes Bild in einem Spiegel oder auf der *Rückseite* eines Löffels erscheint. Aber wenn eine Person in der Gegend steht und einen Korb hält, sagen wir, in welcher Hand die Person den Korb hält, und zwar mit unserer und ihrer rechten Hand übereinstimmend. Hier kreuzen sich unsere Blicke: dieses ist die "konkave" Spiegelung im dreidimensionalen Raum. - Nun drehen wir den Löffel um. Und da erleben wir eine Überraschung: Die rechte Seite ist auf unserer linken und die linke auf unserer rechten Seite gespiegelt. Wir selbst stehen kopf. Die menschliche Sehkraft scheint in der Tat fähig zu sein, das Sinnesbild zu berichtigen, wenigstens im dreidimensionalen Raum.

Gehen wir zum zweidimensionalen Raum über, wird die "konkave" Situation komplizierter: In der Mitte des Löffels sind Gestalt und Bewegung kopiert, - nicht widergespiegelt -, und wir stehen nicht kopf. Auf der abgeschrägten Seite des Löffels trennt eine Linie links von rechts.

Wir sind fortwährend damit beschäftigt, diese zwei- und dreidimensionalen konvex-konkaven Beziehungen durch innere Willensbewegungen in unser Gedanken- und Gefühlsleben zu übertragen.

Als Erwachsene tun wir dies erfolgreich. Aber wenn verwirrende Sinneseindrücke ein heranwachsendes Kind überwältigt haben, sehen wir das Resultat seines Abmühens, mit diesem fertig zu werden, darin, wenn es die konkav-konvexe "Willensaktivität" im zweidimensionalen Raum nicht korrekt nachbilden kann, z.B. wenn es die Buchstaben auf den Kopf stellt und alles in der Reihenfolge umdreht wie im Legastheniker-Syndrom. Daher ist es von Bedeutung, wenn eine Linie *senkrecht* auf dem Papier gezogen wird. Dies ist eine Anpassung an den zweidimensionalen Raum. Es ruft unmittelbar eine *Rechts-links-Situation* hervor. Mit einer *waagerecht* gezeichneten Linie teilen wir den Raum in *oben* und *unten* ein; beides sind "*konvexe*" Situationen.

Wird jedoch eine *diagonale* Linie gezogen, dann zeigen sich die zwei Seiten der *konkaven* Situation, in der die Aktivität des Willens angesprochen wird, eine persönliche Antwort von innen heraus zu geben, und zwar im Gegensatz zur passiveren Aufnahme des konvexen Eindrucks.

Das Auge kann sich in seiner Höhle nach rechts und links, auf und nieder und im Kreis bewegen. Wir können dies in zwei Dimensionen reproduzieren.

Um aber das Auge in die Perspektiv-Bewegung von Nah und Fern zu bringen, müssen wir unsere Gliemaßen benutzen, uns bewegen, um die diagonale Linie im zweidimensionalen Raum vor- und zurück zu verfolgen.

Wenn wir die Bewegungen der Kinder beobachten und die Art sehen, wie sie zeichnen und malen, und dann ihre Beziehung zur Art der Bewegung während sie schreiben sehen, können wir feststellen, wie die Überreizung (stress) des "stretching element", das zum Begreifen der äußeren, räumlichen Eindrücke gehört, tief in das "lifting-system" hineingreift. Das zeigt dann, daß viele natürliche Bewegungen des Willenselementes in das Gegenteil umgeschlagen sind.

Die beschriebenen Übungen bringen von selbst die korrekten Bewegungen und Richtungen hervor. Das Kind entdeckt sie durch eigene Aktivität und fühlt sich gestärkt in Identität und Vertrauen. Auf dieser Basis können sich dann die Fähigkeiten entwickeln.

KAPITEL 3

DIE ÜBUNGEN

Diese Übungen wurden mit Kindern im Alter von 11 bis 14 Jahren und darüber durchgeführt.

Die Schüler kamen einmal pro Woche eine Stunde zum Lehrer nach Hause, die jüngeren während der Schulzeit und die älteren nach vier Uhr nachmittags. Einige Kinder, die sich nicht an einen wöchentlichen Rhythmus gewöhnen konnten, kamen täglich zwei Wochen lang zur Hauptarbeit und danach jeden Morgen 10 Minuten vor dem Unterricht für eine spezielle Übung.

Eine andere erfolgreiche Methode ist, das Kind täglich über eine Zeit von acht Wochen jeweils 20 Minuten aus dem Unterricht herauszunehmen. Dies ist durchführbar, wenn die Arbeit in der Schule erledigt wird.

KÖRPERGEOGRAPHIE

Der Schüler steht vor dem Lehrer, von dem er folgende Anweisungen erhält:

1. Art: Berühre deinen Kopf mit deiner rechten Hand.
Berühre dein linkes Knie mit der Nase, etc.

2. Art: Lege deine rechte Hand auf deine linke Schulter, deine linke Hand auf den Kopf - wechseln - wechseln.
Halte deine linke Hand an das Kinn, rechte Hand an das rechte Knie - wechseln - wechseln.
Halte dein linkes Ohr mit der linken Hand.
Dasselbe mit rechtem Ohr und mit rechter Hand.

Überkreuzen: linkes Ohr, rechte Hand } in einer Bewegung
rechtes Ohr, linke Hand

Rechte Hand an die Nase.
Linke Hand ans rechte Ohr. Wechsel.

Drehen Sie dies um etc. und machen Sie weiter, indem Sie soviele Kombinationen wie möglich anwenden.

3. Art: Unabhängigkeit - Ohr-Auge.
Benutzen Sie die in den Tests beschriebene Spiegel-Übung.

Wolle aufwickeln und Strähnen drehen

Nehmen Sie ein Knäuel blauer Wolle und lassen Sie den Schüler die Wolle zwischen dem kleinen Finger und dem Daumen der linken Hand in der Figur einer Acht aufwickeln.

Die Hand muß ganz ausgestreckt bleiben, und die Wolle soll im Uhrzeigersinn *über* den kleinen Finger, dann *unter* ihm hindurch und über den Daumen gegen den Uhrzeiger gewickelt werden.

Wiederholen Sie das mit roter Wolle an der rechten Hand, jedoch in entgegengesetzten Wickelrichtungen.

Beobachtungen

Diese Übung bringt die Bewegung zwischen Elle und Unterarm-Speiche in ein Zusammenspiel. Indem die Wolle in den angegebenen Richtungen gewickelt wird, wird ein Maximum an Drehbewegung erzeugt. Die Wolle wird dichter und dichter aufgewickelt, bis

Daumen und kleiner Finger zusammengebunden sind. Das Kind sollte mit parallel, aber ein wenig auseinandergestellten Füßen dastehen. Beobachten Sie, wie die Bewegung den gesamten Körper beansprucht und auf welche Art Widerstand geleistet wird: ob sich das Gewicht auf ein Bein verlagert, die Hüfte verdreht wird, die Schulter gekrümmt wird etc. (z.B. Schulter wird nach vorn gezogen).

Es sollte ein entspanntes, geschicktes Aufwickeln erreicht werden. Verwenden Sie dazu etwa ein halbes Wollknäuel.

Wenn die Wolle wieder auf das Knäuel zurückgewickelt wird, achten Sie darauf, daß dies im Uhrzeigersinn und vom Körper weg nach vorn vor sich geht. Manche Kinder wickeln oft auf sich zu. Das ist dann eine Gegenbewegung zur natürlichen Armbewegung.

Drehen eines Wollstranges

Ein Wollstrang ist wie ein "Wunder" oder ein "Phänomen" für ein modernes Kind. - Machen Sie aus einem Wollknäuel einen Strang am Arm eines Kindes, und binden Sie diesen an drei Stellen fest. Das Kind muß den Strang nun solange drehen, bis er durch die Drehbewegungen des rechten Handgelenkes eng gezogen ist. Dann sollte der Strang wieder aufgedreht werden, bis er wiederum erneut festgedreht ist. Dann wird er wieder locker gedreht, so daß der Strang nun schlaff hängt. Das lassen wir nun mit dem linken Handgelenk wiederholen. Jetzt mit beiden Armen gleichzeitig. Ist der Schüler imstande, dies mit der Wolle an den Armen geschickt zu machen, wechseln Sie und lassen den Wollstrang in seinen Händen zwischen dem Daumen und dem kleinen Finger am Gliedansatz festhalten. Die Übung sollte immer damit beendet werden, daß der Wollstrang in eine schöne Acht verdreht wird, die Enden ineinandergelegt.

Beobachtungen

Bei den ersten Versuchen ergeben sich oftmals Muskelverschiebungen im Bereich des Schulterblattes und Unsicherheit bezüglich der Richtung, in welcher die Arme bewegt werden sollen (Drehbewegungen).

Beobachten Sie das "Wunder" oder "Phänomen", so sehen Sie, wie es sich fortwährend in der gleichen Richtung verwickelt. Und schließlich dreht sich der Wollstrang am Ende in sich selbst zurück.

Murmeln

Nachdem wir die "aufrichtenden" Bewegungen im oberen Teil des Körpers aktiviert haben, wollen wir nun versuchen, einiges darunter zu tun.

Lassen Sie den Schüler die Socken ausziehen, nachdem Sie ihn gefragt haben, ob seine Füße sauber seien, oder ob er es vorziehe, die Übung das nächste Mal zu tun. - Er soll dann zwischen die großen Zehen jedes Fußes eine Murmel klemmen und sie wieder herausdrücken, was leicht vor sich geht. Dies soll danach mit dem nächsten Paar Zehen usw. gemacht werden, bis die kleinen Zehen dran sind. - Dann folgt eine lange Pause und andauerndes "Winden" bzw. "Ausrollen"! - Achten Sie darauf, daß die Murmeln vom Gelenk der Zehen festgehalten werden. Sie werden feststellen können, daß die Füße mancher Kinder zu schlaff sind, um die Murmeln zu halten.

Wechseln Sie nun dazu über, die Murmeln mit den Zehen aufzugreifen und wieder fallen zu lassen. Lassen Sie das Kind auch mit zwischen den Zehen eingeklemmten Murmeln gehen.

Beobachtungen

Dem Blick bieten sich unbewegliche, "unbewußte" Füße. Die Bewegung geht von den Füßen direkt in die Finger und Handrücken, hinauf in den Kiefer, wobei gewöhnlich die eine oder die andere Seite stärker bewegt bzw. "betont" wird. - Machen Sie sich davon eine Notiz, was dazu verhilft, die Bewegungsabfolge bei den Malübungen zu entscheiden, die später gegeben werden. (Es ist eine in allen Altersstufen sehr beliebte Übung. Fünfzehn- oder Sechzehnjährige sind verdutzt über ihre eigene Ungeschicklichkeit.) Die sich ergebenden Reaktionen sind sehr informativ über die Charaktere der Schüler.

ÜBUNGEN ZUR ORIENTIERUNG IM RAUM

Übung, *um das Bewußtsein von Links und Rechts* zu stärken

Erforderlich sind: zwei weiche Filzbälle; vorzugsweise in Blau und Rot. Wollbälle sind ebenso geeignet. Der Schüler hat in jeder Hand einen. Er wird aufgefordert, den Ball in seiner rechten Hand hochzuwerfen; während er dies tut, soll er den in der linken Hand gehaltenen Ball in die rechte Hand geben und den zurückkehrenden Ball mit der linken Hand auffangen. - Wiederholen Sie das, bis sich ein Rhythmus eingespielt hat. Dann wechseln Sie die Richtungen und beginnen mit der linken Hand.

Beobachtungen

Bei dieser Übung wird dem Kind das Links und Rechts in der "aufrichtenden" Bewegung bewußt gemacht. Oft werden beide Bälle gleichzeitig hochgeworfen. Dies zeigt an, daß sein Wille den Körper nicht durchdringt. Es kann sein, daß das Kind den Ball mit der rechten Hand zuerst geschickt hochwirft; wird aber die Abfolge umgedreht, stellen wir fest, daß die rechte Hand der Bewegung der linken Hand folgt, was wiederum zeigt, daß die rechte Seite von der Tätigkeit der linken Seite nicht unabhängig ist.

Also wird der individuelle Wille des Kindes nicht von der körperlichen Situation beherrscht. Es kann auch das Gegenteil auftreten - Links wird von Rechts beherrscht.

Wir können auch feststellen, wie abhängig manche Kinder von den "ausstreckenden" (stretching) Bewegungen geworden sind. Sie verlieren das Gleichgewicht und schnappen den Ball mit nach unten grapschender Hand aus der Luft.

Durch Ball-Wirbel und Ball-Aufsprung-Übungen kann dies mit der Zeit verbessert werden.

Die Sinneseindrücke des Kindes bedürfen einer "Festigung" durch Übungen.

Nachdem wir das Bewußtsein der Links-und Rechtsseitigkeit angesprochen haben, wollen wir dies nun in die Beziehung OBEN-nach-UNTEN bringen.

Der Schüler hat in jeder Hand einen Ball; er soll nun den Ball in der rechten Hand unter dem rechten Bein von außen her durchwerfen und ihn mit derselben Hand wieder auffangen. Das soll er nun mit der linken Hand wiederholen.

Sobald sich ein Rhythmus eingespielt hat, lassen Sie das Kind dabei vorwärts und rückwärts gehen und das Alphabet vorwärts und rückwärts aufsagen.

Beobachtungen

Schwierigkeiten bei der Anstrengung, die Beine hoch genug zu heben, besonders das linke Bein. - Überkreuzen der Bewegungen, z.B. beim Werfen des Balles mit der rechten Hand unter dem linken Bein hindurch, und des Balls mit der linken Hand unter dem rechten Bein. Dies zeigt, daß der Schüler nicht fähig ist, die Unabhängigkeit durch den Bereich des gesamten Körpers aufrechtzuerhalten.

(Beachten Sie die Beziehung dieser Bewegungen zum konvex-konkaven Spiegelungsprozeß - Kapitel 2).

Üben Sie, bis Geschicklichkeit in Bewegung und Koordination der Bewegung im Sprechen und Denken erreicht sind.

Variation dieser Übung: Lassen Sie das Kind sitzen und unter einem Bein mit den Händen klatschen, dann darüber und dann unter dem anderen Bein; dann darüber, wobei es bis hundert und zurück zählen oder das Einmaleins vor- und rückwärts aufsagen soll.

Übung, *um das Bewußtsein von Vorwärts und Rückwärts* zu stärken
Erforderlich ist: ein Kupferstab, z.B. ein Kupferrohr von

einem Klempner mit ca. 12 mm Durchmesser, glattgefeilten Enden, bzw. mit Gummikappen versehen. Auch ein Spazierstock kann zunächst benutzt werden (Eurythmie-Stab).

Der Schüler soll den Stab senkrecht, die rechte Hand über der linken, und mit ausgestreckten Armen, halten. Er soll vor- und zurückgehen und dabei laut zählen oder einen gewählten Satz aufsagen und bei jeder Zahl oder jedem Wort auftreten: mindestens dreimal.

Wechseln Sie die Haltung des Stabes, so daß er nun hinter dem Rücken gegen das Rückgrat gehalten wird. Lassen Sie die Sprech- und Gehübung wiederholen. - Bei sehr schlechter Haltung, runden Schultern und bei nachlässiger Sitzhaltung lassen Sie den Stab waagerecht über den Schultern halten und das Kind so gehen.

Beobachtungen

Beobachten Sie, welche Richtung Schwierigkeiten macht. - Zeigt sich eine schnelle oder langsame Verbesserung? Erfolgt diese langsam, dann können *Mal*übungen unterstützend und fördernd sein.

Übungen mit dem ganzen Körper

Der Schüler steht wie folgt da: Füße zusammen, Fäuste geballt, die Arme nach vorn hebend, und er macht ziehende und puffende Bewegungen, so daß die Schultern auf jeder Seite des Halses hochgezogen werden.

Wie folgt fortsetzen: 1. in Richtung Decke "puffen",

2. nach links und rechts
"gegen die Wände puffen",
3. vorgebeugt, Kopf locker hängend,
"gegen den Fußboden puffen"

Beobachtungen

Beobachten Sie die Steifheiten auf beiden Seiten des Körpers und auch mögliche Verspannungen im Genick, besonders beim Vorwärtsbeugen. Um diese Dinge zu korrigieren, probieren Sie die Dreieck-Stab-Übung aus (wird noch beschrieben).

Die vorgenannte "Puff-Übung" ist besonders bei Kindern beliebt, die gern imponieren möchten (jedoch frustriert sind).

KRIECHEN (links-rechts-waagerecht)

Ungeachtet dessen, daß viele Kinder im Klettern, Rennen und Turnen sehr beweglich sind, enthüllen diese Übungen verborgene Spannungen in feineren Bewegungen. Auf diese Weise wird jede Möglichkeit wahrgenommen, die bisher ungenutzten Körperteile zu aktivieren.

Wenn man Kinder mit den *Unterarmen* auf dem Boden kriechen läßt, kann man beobachten, wie sich bei vielen eine bisher verborgene Gebärde zeigt, die unbewußt im Körper zurückgehalten wurde. Wir sahen, daß manche Kinder krochen, indem sie ihr Kinn in die hohle Hand stützten und die Arme bis zu den Ellenbogen hochhoben. Andere wieder ballten die Fäuste, bis die Knöchel "weiß" wurden, und krochen so - Arm über Arm -, die Hände auf den Körper zu gerichtet, als ob sie alle Dinge zur Brust einsammeln wollten. Manchmal blieb ein Bein hinter dem anderen zurück oder konnte nicht gebeugt werden, oder die Füße waren wie leblos und wurden nachgeschleift. Alle Kinder erlebten das zerrende Gewicht des Körpers, und oft waren ihre Hälse so stark zwischen die Schulterblätter eingezwängt, daß das Drehen des Halses schwierig wurde. Um diesen Kindern zu helfen, wurde ihnen das "Raupen-Kriechen" gezeigt.

DAS RAUPEN-KRIECHEN (drüber - drunter - waagerecht)

Auf dem Rücken liegend, stößt der Schüler die Fersen gegen den Fußboden und schiebt sich so nach rückwärts durch die ganze Zimmerlänge; und dann wird die Richtung gewechselt, und der Schüler zieht sich mit den Fersen vorwärts. Die Arme dürfen dabei nicht "helfen"

Nun liegt der Schüler mit dem Gesicht nach unten gerichtet und hält die Arme auf dem Rücken; die linke Hand hält den rechten Ellenbogen, die rechte Hand hält den linken Ellenbogen, und ohne die Ellenbogen loszulassen, schlängelt sich der Schüler der Länge nach durch den Raum. Wenn die Arme losgelassen werden, gewinnt der "Gegner"!

ÜBUNGEN ZUR ENTWICKLUNG DES RHYTHMISCHEN SINNS
IM EINKLANG MIT DER REICHWEITE DES KÖRPERS

Die Kupferball-Übung

Erforderlich sind: zwei Kupferbälle - oder zwei mittelgroße Orangen und ein weicher Ball. - Diese Übung kann vom Lehrer mit Spielen von Tonleitern auf einer Leier oder einer pentatonischen Kantele (sofern vorhanden) begleitet werden (Leier oder Zither).

Lassen Sie das Kind sich flach auf den Rücken legen, die Arme an den Seiten des Körpers; mit nach oben gekehrten Handflächen hält es die Bälle. - Setzen Sie den weichen Ball zwischen die großen Zehen des Kindes. Die Füße sind zusammenzuhalten.

Teil 1

Der Schüler hebt nun den Kopf so weit, bis von ihm eine Hand gesehen werden kann (freie Wahl!). Während er auf den Ball sieht, hebt er den betreffenden Arm senkrecht hoch. In dem Moment, wo der Ball aus der Hand zu fallen droht, dreht der Schüler die Hand mit dem Ball und macht die Bewegung rückwärts nach unten (Richtung Kopf), bis der Arm den Fußboden berührt. Währenddessen dreht er den Kopf und verfolgt die ganze Bewegung *mit den Augen*, bis der Arm ganz ausgestreckt und entspannt auf dem Boden liegt.

Mit dem anderen Arm wiederholen lassen. (Ball in der Hand!)

Der Blick wird nun auf die zuerst benutzte Hand (hinter dem Kopf bzw. neben dem Kopf ruhend) gerichtet. - Diese Hand wird wieder seitlich am Körper niedergelegt. - *Während* dieser Bewegung - etwa auf halbem Wege - dreht der Schüler die Hand mit dem Ball, damit der Ball nicht herausfällt. Langsam legt er nun den Arm auf den Boden und soll sich entspannen.

Mit der anderen Hand wiederholen.

Machen Sie in diesem Rhythmus weiter. Legen Sie dabei immer besonderen Wert auf die Entspannung zwischen den Bewegungen, wodurch das Kind die Spannung in der ausstreckenden Bewegung (stretching movement) vergißt und die ungewohnten, ungenutzten

Bereiche der hebenden (lifting movement) Bewegung suchen muß. Steigern Sie die Übungsdauer allmählich von fünf auf sieben Minuten.

Teil 2

Die Augen bleiben geschlossen. Beide Arme werden gleichzeitig gehoben und in senkrechte Haltung gebracht. Dann werden die Hände gedreht, die Bewegung in Richtung Fußboden fortgesetzt und die Hände unter den Hinterkopf gelegt. Nun ausruhen lassen, so daß eine völlige Entspannung erfolgt.

Gehen Sie nun zur Ausgangsposition zurück und lassen Sie alles wiederholen. Verlängern Sie die Übung allmählich von fünf auf sieben Minuten.

Teil 3

Die Augen sind noch geschlossen. Eine Hand wird über dem Kopf gehalten, die andere (freie Wahl) liegt auf dem Boden. Beide Hände werden nun gleichzeitig gehoben; die Ausgangsposition wird gewechselt. Die verlangte "Drehbewegung" der Hände soll bewußt gemacht werden, und zwar dann, wenn beide Arme auf gleicher Höhe sind. Zeitdauer: fünf bis sieben Minuten.

Wenn Sie diese Übung mit Musik begleiten, *halten Sie Takt mit den Bewegungen des Kindes!* Drängen Sie ihm nicht Ihren Rhythmus auf!

Beobachtungen

Dies ist eine der wichtigsten Übungen, denn es kommt dabei

deutlich zum Ausdruck, in welchem Zustand (Entwicklungsstufe) sich das Kind befindet.

Die dominante Hand braucht nicht die zu Anfang gewählte Hand zu sein. - Wenn die Füße "auseinanderfallen", geben Sie den Ball wieder zwischen die Zehen des Kindes. - Es kann sein, daß bei der Abwärtsbewegung die Hand nicht in die richtige Richtung gedreht wird. Sollte diese Schwierigkeit nach sechs bis acht Unterrichtsstunden noch bestehen, dann versuchen Sie es wie folgt: Nehmen Sie eine Tüte mit einem Pfund Zucker darin und wickeln Sie diese in ein Tuch ein, geben dies dem Kind und lassen es mit der Hand von der "falschen" in die richtige Auswärts-Haltung drehen und mehrere Male wiederholen.

Die Handdrehung kann beginnen "undeutlich" zu werden und vielleicht gerade noch glücken, ehe der Arm den Boden berührt. - Die Arme können sich evtl. nicht ganz entspannen und sind gekrümmt und werden nach unten gezogen, bis die Schultern flach auf dem Boden liegen. Die Entspannungspause zwischen den Bewegungen ist der wichtigste Teil dieser Übung!

Sind die Augen geöffnet, vergißt das Kind, den Bewegungen zu folgen und schaut geradeaus. Es kann sein, daß es zuerst nach unten sehen muß, ehe es aufschaut und der Hand mit dem Ball folgt. - Wenn die Augen geschlossen sind, kann es zum Zucken, Schielen oder auch Flimmern der Augen kommen. Manchmal bewegen sich die Augäpfel in Richtung Arme, als ob sie innerlich von deren Bewegungen mitgezogen würden. Auch beginnen Kieferbewegungen von einer Seite zur anderen, vor allem dann, wenn es den Anschein hat, daß die Übungsbewegungen durch den Körper hindurchdringen.

Wenn die Arme im Wechsel bewegt werden, kann es vorkommen, daß ein Arm während der Bewegung anhält und zurückgeführt werden muß, ehe der andere Arm die Bewegung ganz ausführen kann.

Zu einem gewissen Zeitpunkt werden die Kinder plötzlich unrhythmisch und setzen die Bewegung ohne Unterbrechung fort. Das zeigt einen Zustand, der überwunden werden muß. Manche Kinder halten den Atem "gegen" die Bewegung an. Dies sind alles Ergebnisse von Eile, Hast und Druck, dem das Kind ausgesetzt ist. Kinder, die überfordert und in den Streckbewegungen sehr verspannt sind, haben Mühe, sich richtig zu entspannen, und können am Schluß der Übung nicht sofort aufstehen. Wir ersehen daraus, daß ein Kind lediglich fähig ist, nur einen kleinen Bereich des Körpers richtig zu gebrauchen. Beachten Sie, wie sich die Art und Weise der Bewegungen verändert: vom glatten, schnellen Heben des Balles bis zum bewußten Führen der Hand in die richtige Position.

Manche Kinder müssen Kopf und Schultern vom Fußboden abheben, um der Bewegung von unten nach oben folgen zu können. Wenn der Kopf von einer Seite zur anderen gedreht wird, machen auch manche Kinder die Augen zu. - Um dies abzuändern, sollte die Übung mit den stoßenden-puffenden Bewegungen und die Stab-Roll-Übung durchgeführt werden. Beides ist von Nutzen.

Beobachten Sie weiterhin die Lippen: Öfters werden ein oder mehrere Selbstlaute formuliert und "ausgestoßen", abhängig davon, wie tief der Körper von den Bewegungen durchdrungen wird.

Gute Anzeichen,

wenn alle unkontrollierten Bewegungen aufhören
und das Kind beginnt, sich harmonisch zu bewegen;
wenn tief eingeatmet wird,
wenn Kinder anfangen zu seufzen und zu gähnen,
wenn Kind und Lehrer eine friedliche Atmosphäre
wahrnehmen.

Lassen Sie dieser immer die Übung "Bewegte Gerade und Lemniskate" folgen (wird später beschrieben).

BALL-ROLL-ÜBUNG *Einführung in die dreifache Spirale*

Stehend hält der Schüler in jeder Hand einen Kupferball (oder eine Orange). Unter einem Fuß hat er einen Tennisball (oder Kupferball). Er hebt eine Hand und dreht den Kupferball mit dem Daumen aus Richtung des kleinen Fingers quer über die Handfläche. Für die rechte Hand: Bewegung gegen den Uhrzeiger. Wenn diese Bewegung eingeübt ist, wird die andere Hand gehoben und der Ball ebenfalls wieder mit dem Daumen quer über die Handfläche bewegt.

Nun kommt zu dieser Übung die Fußbewegung hinzu. Der Ball wird einwärts gerollt und von der Fußsohle gesteuert. Man läßt einen Vers aufsagen (Kindervers oder irgendetwas Passendes). Alles in Bewegung halten!! - Mit dem anderen Fuß wiederholen lassen!

Beobachtungen

Beobachten Sie, auf welche Hand das Auge gerichtet ist und welcher Fuß sich anders dreht; welche Hand - oder Hände - in der

Bewegung vergessen werden. Das Kind sollte so geschickt werden, daß es mühelos die Arme hochhalten und mit Selbstvertrauen geradeaus schauen kann. In diesen Übungen werden die im Bewegungsfluß auftretenden Behinderungen, die durch Dominanzwechsel verursacht werden, deutlich sichtbar.

DIE DREIFACHE SPIRALE

Dies ist eine gute Übung für unruhige, zappelige Kinder und für Kinder, die träumen und an Schlafstörungen leiden.

Verwenden Sie ein großes Blatt Papier oder einen Karton mit den Maßen 1 x 1 m und legen Sie es flach auf den Boden. Zeichnen Sie mit der RECHTEN HAND eine breitspurige, rote Spirale, rechts beginnend - im Uhrzeigersinn - zur Mitte.

Das Kind sitzt auf einem bequemen, niedrigen Stuhl vor dem Blatt und hält in der linken Hand einen Kupferball oder anderen Gegenstand, z.B. ein Kristallglas, von ca. einem halben Pfund Gewicht.

Es beginnt mit dem rechten Fuß in der Mitte der Spirale und führt diesen nach außen. Dann übernimmt der linke Fuß die Bewegung von der Endstellung des rechten und geht zurück zur Mitte. Von der Mitte wird der Fuß zurückgezogen. - Das Kind sitzt, hält die Füße zusammen, beugt sich vorwärts und zeichnet mit der RECHTEN HAND die Spirale von außen zur Mitte nach. Lassen Sie diese drei Übungen *zwölfmal* (ca. 5 Minuten) wiederholen und verlängern Sie die Übungszeit auf 15 Minuten.

Mit welchem Fuß begonnen wird, kann vom Kind frei gewählt werden. Aber die Bewegungen beider Füße sollen "einwärts" erfolgen. Es ist stets die rechte Hand zu benutzen. Von der linken Hand wird während der ganzen Übung der Kupferball gehalten (bzw. ein Gegenstand mit Gewicht).

Diese Übung kann von LINKS- sowohl als auch von RECHTSHÄNDIGEN Kindern angewandt werden.

Beobachtungen

Man kann plötzliche Fehler beobachten, z.B. daß der gleiche Fuß wiederholt oder daß das Kind mit der Hand in der Mitte der Spirale beginnt.

Diese und die Roll-Übung sind die beiden einzigen, bei deren Durchführung man korrigieren kann, was am besten durch ein passendes "Geräusch" geschieht.

Ab zwölf Jahre: DREIECKS-STAB-ÜBUNG UND VERS
(Nach einer Übung, die Rudolf Steiner am 12.1.1924 gab).

Ein Kupferstab wird vor die Füße des Kindes auf den Boden gelegt. Das Kind steht. Die Handflächen liegen waagerecht aufeinander, so daß die Fingerspitzen der einen Hand auf dem Handgelenk der anderen Hand ruhen.

Der Lehrer sagt: "Gewicht drückt nach unten"

Nun soll sich der Schüler mit gespreizten Beinen längs des Stabes stellen; zuerst hebt er den linken Fuß und stellt diesen auf den Boden, dann hebt er den rechten Fuß und stellt ihn auf den Boden.

ÜBUNG MIT DEM RECHTWINKELIGEN DREIECK

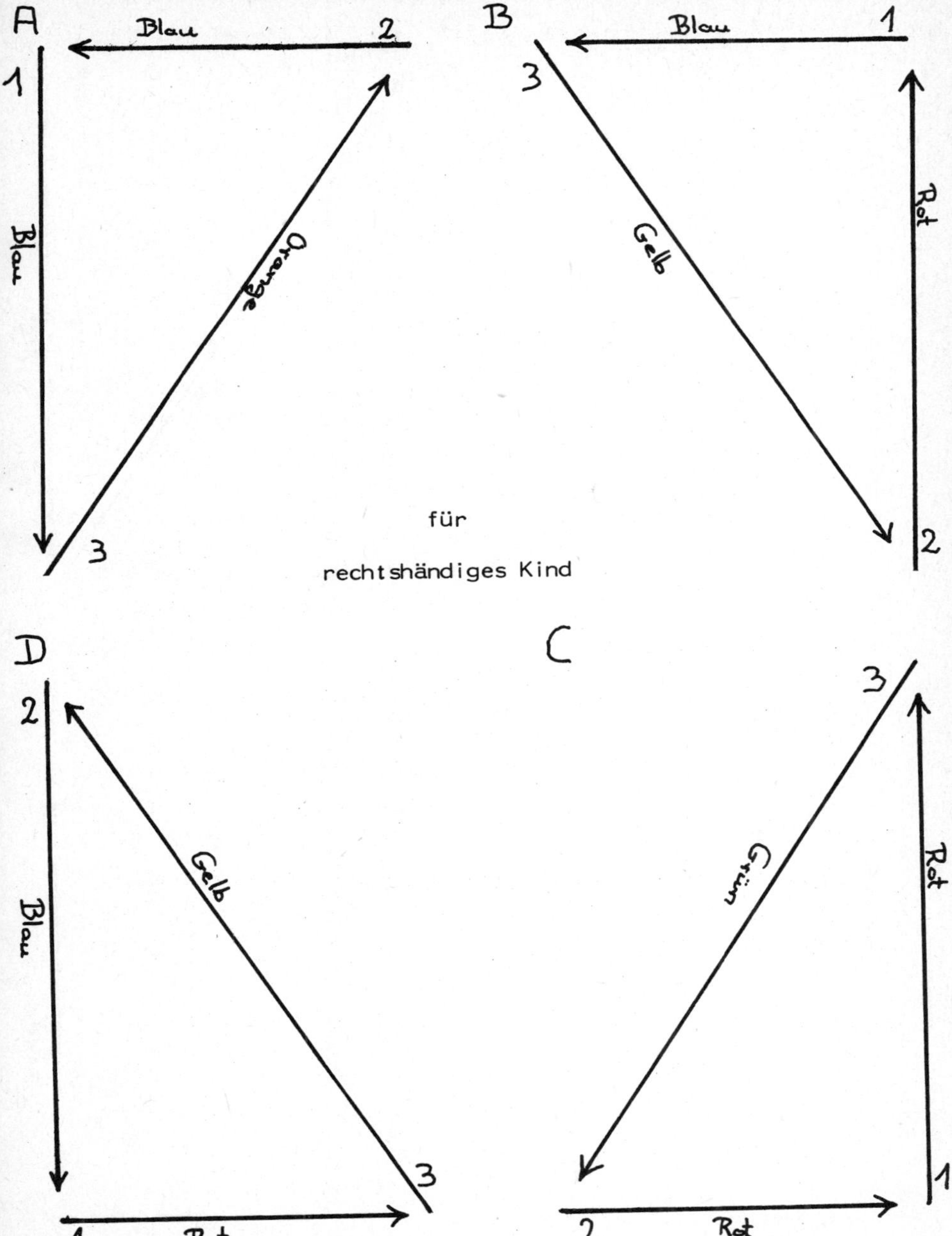

für

rechtshändiges Kind

ÜBUNG MIT DEM RECHTWINKELIGEN DREIECK

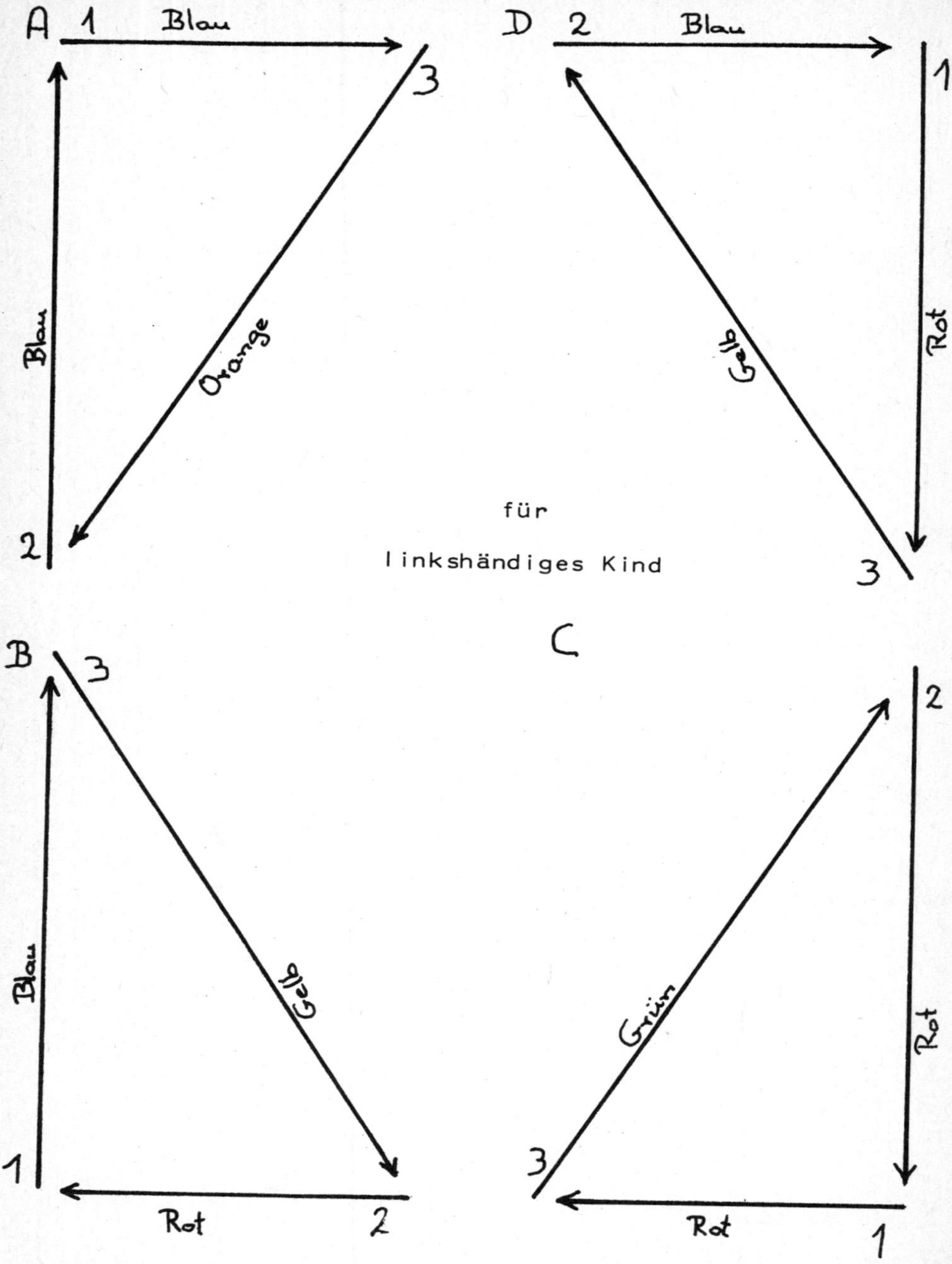

für

linkshändiges Kind

Der Lehrer sagt: "Licht strömt aufwärts"

Die *Hände und Arme* werden nun von der Mitte nach außen geführt und *hochgehoben*, wobei der Abstand zwischen den Händen mit dem Abstand der Füße und der Länge des Stabes übereinstimmen soll.

Der Schüler hält den Abstand der Hände ein und beugt sich vor - den Kopf zwischen den Armen - bis er mit den Händen den Stab berührt. Der Stab wird gehoben und nach oben geführt, bis die Arme mit dem Stab über dem Kopf sind. Nun wird der Stab langsam zum Boden zurückgeführt, Kopf und Arme in gleicher Höhe - (bitte darauf Wert legen!) - Arme und Körper gehen zurück in die Ausgangsposition, Hände und Arme nach oben gestreckt. Nun springen: Füße zusammen, Arme an die Seiten. Dreimal wiederholen.

Beobachtungen

Die Kinder äußern ganz verschiedene Bemerkungen während dieser Übung, was uns deutlich zeigt, wie dringend notwendig diese Art Üben ist.

Für das Kind wird es immer schwer sein, Kopf und Arme auf gleicher Höhe zu halten. Oft wird der Kopf vorgestreckt, der Nacken ist verkrampft, die Knie zu steif, und das Kind muß sogar in die Hocke gehen, um den Stab auf den Boden zu legen.

Ist alles endlich geschafft, atmen Lehrer und Schüler zufrieden auf.

ÜBUNGEN FÜR DIE BILDUNG DER RECHTS- ODER LINKSSEITIGEN DOMINANZ DES KÖRPERS

Wir können die folgende, individuelle Übung geben, die im Hauptunterricht (Waldorfschulen) zusammen mit der anderen Gruppe individueller Übungen, die die Kinder mit dem Klassenlehrer durchführen, gemacht werden kann. Die anderen Kinder profitieren vom Beobachten und dürfen manchmal auch selbst mitmachen.

Machen Sie auf dünnem Karton eine große Zeichnung mit geraden und krummen Linien:

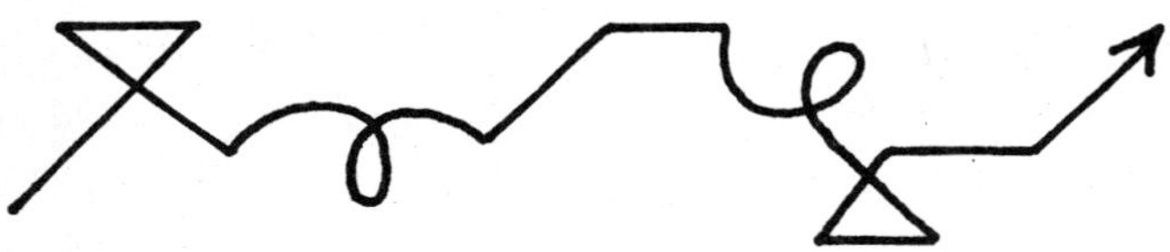

Lassen Sie das Kind sich auf den Boden vor die Zeichnung setzen und die Form mit den folgenden Körperteilen nach"zeichnen":

mit zusammengehaltenen Füßen
rechter Fuß
rechter Fuß und rechte Hand
rechter Fuß und rechtes Auge
rechter Fuß, Hand und Auge

mit zusammengehaltenen Händen
rechte Hand
rechte Hand und rechtes Auge
rechtes Auge allein, der Form entlangschauend

Wenn das Kind auf Anraten des Schularztes linkshändig bleiben soll, muß es wie folgt lauten: beide Füße, linker Fuß, linke Hand usw.

DIE ÜBUNG AM RECHTWINKELIGEN DREIECK

Zeichnen Sie auf zwei große Kartons (ca. 0,75 x 0,55 m) rechtwinkelige Dreiecke; auf jeder Seite eins (A,B,C und D) - Farben und Bezeichnungen siehe Seite 49 u. 50. Benutzen Sie die ganze Fläche des Kartons.

Diese Übung dient dazu, die Fehler, die sich beim Seitigkeits-Test (Handedness-Test) herausgestellt haben, zu korrigieren.

Das Kind sitzt vor Karton A, der senkrecht an der Wand steht.

1. Beide Füße werden zusammengehalten und "zeichnen" von der Zahl zur Pfeilspitze. Zwischen jeder Zahl (Pfeilrichtung) werden die Füße wieder auf den Boden zurückgestellt.

   Dreimal wiederholen!

2. Jetzt wird das Dreieck mit dem rechten Fuß nachgezogen. Dreimal wiederholen!

   Rechter Fuß, rechtes Auge - wiederholen wie vorher.
   Rechter Fuß, rechte Hand,
   rechter Fuß, rechte Hand, rechtes Auge,
   beide Hände - zusammengehalten,
   rechte Hand,
   rechte Hand, rechtes Auge.
   Rechtes Auge - (linkes Auge mit der Hand bedecken) -
   Mit der Nase.

(Der Lehrer wählt nun beliebig einen anderen Körperteil).

Übung mit jedem Dreieck wiederholen. (Die ganze Übung dauert etwa 12 Minuten). Zur Abwechslung wird jedes Glied nur einmal bewegt, was fünf bis sieben Minuten dauert.

Für Kinder, die linkshändig bleiben und die linke Körperhälfte stärker aktivieren, ist die Abwicklung wie folgt:

linker Fuß,
linker Fuß, linkes Auge - etc.

Bei der Dreiecks-Übung ist die Reihenfolge einzuhalten, die für linkshändige Kinder gegeben ist.

Beobachtungen

Diese Übungen lassen unzureichende Körper-Geographie, blockiertes Gedächtnis und zögernde Bewegungen erkennen, aber festigen die Seitendominanz. Andererseits wird aber auch die Kraft des Kindes belebt und gestärkt und damit viel überwunden, was in den ersten sieben Lebensjahren noch unnatürlich wirkte, wie z.B. imitierte Bewegungen. Wir können diese Veränderung vor allem bei einer erneuten Überprüfung der Farbneigung des Auges feststellen.

Kinder, die vorher in diesem Test einen Halbmond gemalt haben, werden mehr oder weniger zu einem "Vollmond" übergehen und uns erklären, daß sie sich jetzt in der linken Körperhälfte stärker und belebter fühlen.

Mit zunehmender Erfahrung entdeckt ein Lehrer manchmal, daß

die Unbeweglichkeit auf der nicht-dominanten Körperseite auf ein Vorwärtskommen hemmend wirkt. Ein aufmerksames Beobachten der Augen wird uns darauf hinführen. Ein Auge ist im Ausdruck und in der Blickrichtung mehr fixiert als das andere. Das kann auch vom Seitigkeits-"Muster" gesagt werden, wenn im Ablauf einer Übung ein plötzlicher Wechsel des Auges erfolgt. Nun sollten wir für eine kurze Zeitspanne das rechtshändige Kind das "Dreieck" der Reihe nach mit der linken Körperseite üben lassen, z.B. täglich auf zwei bis drei Wochen, bzw. mindestens sechsmal, wenn die Übungsstunde wöchentlich stattfindet. In gleicher Weise sollte das linkshändige Kind die Übung rechtsseitig machen. Diese Übung basiert auf korrekten Bewegungs-Mustern der jeweils betreffenden Körperseite und führt daher nicht zu einer Beidseitigkeit.

Prüfen Sie das Ergebnis mit dem Farbneigungstest des Auges.

STRECK- UND HEBE-ÜBUNGEN in Beziehung zu den drei Dimensionen im Raum
<u>(Stretching and Lifting Exercises)</u>

1. <u>Gewicht-Hebe-Übungen</u> (oben-unten)

Schüler und Lehrer stehen einander gegenüber. Fragen Sie das Kind nach seinem Körpergewicht. Helfen Sie ihm zu begreifen, daß der Mensch die wunderbare Fähigkeit hat, ein solches Gewicht mühelos zu tragen. Nun wollen wir lernen, wie wir das Gewicht heben können.

Lassen Sie den Schüler sich eine gerade Linie vorstellen, die von einem Stern, der über seinem Kopf steht, herunter gezogen und durch ihn hindurch zum Mittelpunkt der Erde führt. Während die Augen geradeaus auf eine gewählte Stelle sehen, soll er die Zehen so hoch wie möglich heben, ohne die Fußsohlen vom Boden abzuheben. Nun die Zehen senken und diese stark gegen den Boden drücken und so fest wie möglich zusammenpressen. Noch zweimal wiederholen. Dann soll der Schüler die Fersen heben, auf den Zehen stehen und die Fußballen vom Boden abheben: sehr langsam die Fersen senken und wieder in Standposition zurückgehen. Die ganze Übung noch zweimal wiederholen. Beachten Sie dabei, daß die Hände an den Seiten des Körpers bleiben. Vor einem Erwachsenen neigen viele Kinder dazu, die Hände hinter dem Rücken ineinanderzulegen.

Beobachtungen

Steife Füße. Ein Fuß steifer als der andere. - Welcher? - Man kann sehen, daß oft beide Füße auswärts zum kleinen Zeh und Fußgelenk "abgerollt" werden.

Nach dem zweiten Mal beginnen sich die Hände zu spannen, wobei sich die Handrücken durchbiegen können, die Zeigefinger sich versteifen und geradeaus zeigen, oder es versteifen sich die kleinen Finger und werden von der Hand seitwärts gezogen.

Wenn die Zeigefinger von der Hand abgespreizt werden, bedeutet dies, daß an das Kind in der Entwicklung zu früh intellektuelle Anforderungen gestellt wurden, mit welchen es auf Kosten seiner Fähigkeiten zurechtkommen mußte, um den Anforderungen in Verhaltensweise und Konzentration gerecht zu werden. Wird die ganze Hand rückwärts gezogen, bedeutet das, daß von jeher auf das Kind starker Druck ausgeübt wurde.

Wenn die kleinen Finger von der Hand abgespreizt werden, dann hat das Kind Schwierigkeiten, intellektuellen und verhaltensmäßigen Anforderungen nachzukommen, und fällt zurück in die "Macht seiner Gewohnheiten" in seiner Umgebung.

Die Übung hilft, Spannungen zu lösen und das innere "Sich-Aufrichten" (lifting element) zu stärken, aus welchem die eigene Willenskraft hervorkommt. Eine Strickarbeit für zwei Finger ("Two Finger Knitting") ist ein ausgezeichnetes Mittel zum Ausgleich.

2. Springende Bälle (links-rechts)

Erforderlich: zwei Springbälle in Fußballgröße, blau und rot, wenn möglich.

Der Schüler hält auf jeder Handfläche einen Ball und läßt ihn zunächst auf einer Hand federn und fängt ihn mit derselben Hand wieder auf. Das wird mit der anderen Hand wiederholt. Die Hände werden nun eine Weile gewechselt, und Sie lassen dabei bis zu einer genannten Zahl vorwärts zählen und dann zurück. Geben Sie eine Anzahl ungewohnter Zahlenreihen zum Üben, z.B. von 863 - 1039.

Beobachtungen

Diese Übung trägt dazu bei, im Ausstrecken und Aufrichten (stretching and lifting element) beweglicher zu werden. Sie erfordert Willenskraft und Konzentration. Besonders gut ist sie für faule, langsame Denker und Kinder mit schlechtem Gedächtnis; ebenfalls für Kinder, denen es widerstrebt, sich zu bewegen.

Fördern Sie die körperlichen Fähigkeiten der Kinder soweit wie möglich. Es ist nichtzuviel verlangt, ein dreizehn- oder vierzehnjähriges Kind bis tausend zählen zu lassen.

3. Stab-Rollen (vor- und rückwärts)

Erforderlich: ein Kupferstab

Schüler und Lehrer stehen sich gegenüber, die Arme werden nach vorn gehalten, die Handflächen nach oben; der Stab liegt auf den Händen des Lehrers, der ihn nun über seine Arme bis zum Hals abrollen läßt. Dann läßt er den Stab über die Arme zurückrollen und auf die ausgestreckten Hände des Schülers, der diese Übung nachmacht. Während er dies tut, spiegelt der Lehrer die Armbewegungen - auf und ab - und erhält dann den Stab zurück. Der Schüler kopiert dies, wenn der Stab auf den Armen des Lehrers rollt. - Machen Sie rhythmisch weiter (Singen hilft dabei).

Beobachtungen

Es zeigt sich bald eine Schwäche der Oberarme. Verborgene Gesten lassen eine Art Zusammenziehung erkennen, indem die Arme in die Seiten des Körpers gepreßt werden. Oft werden die Arme verdreht und die Hände nach unten gestreckt, wenn der Stab abrollt. Manchmal ist die Spannung so stark, daß die Hände erst dann wieder nach oben gedreht werden können, wenn vorher die Arme rückwärts schwingen, kreisen und wieder vorwärts schwingen. Oberflächliches Atmen wird durch diese Übung korrigiert.

Beachten Sie, wie sich die Augen sowohl bei dieser als auch

bei der Gewicht-Hebe-Übung trüben, sobald der Wille des Kindes den Körper zu durchdringen versucht. So wie die Leistungsfähigkeit im Körper zunimmt, werden die Augen des Kindes klar und strahlen.

DIE ZEICHEN-ÜBUNGEN

Während das Kind seinen Namen schreibt, können wir beobachten, wie es den Bleistift handhabt; hält es ihn korrekt zwischen Zeigefinger und Daumen, vom Mittelfinger gestützt? - Man kann einige sehr eigenartige Greifarten zu sehen bekommen. Hält das Kind den Stift viel zu fest und ist die ganze Hand verkrampft, die Schulter hochgezogen? Oder hält es ihn dicht am Körper? Wie hat es die Füße gestellt? - Es müssen heutzutage alle Grundbegriffe, die für eine gute Arbeitshaltung erforderlich sind, gelehrt werden. Natürliche Grazie und Gefühl für Schönheit in der Bewegung und Gestaltung schwinden rasch. Viele Pädagogen arbeiten daran, dieses wieder aufzubauen.

So wollen wir bei den Füßen beginnen. Achten Sie darauf, daß der ganze Fuß dauernd auf dem Fußboden ruht. Der Stuhl sollte nicht so hoch sein, daß das Kind vorgebeugt sitzen muß. Aber es sollte so sitzen, daß die Hüften etwas niedriger als die Knie sind, so daß die Armbewegungen durch den ganzen Körper spürbar sind.

Auch die Tischhöhe soll niedrig genug sein, damit der Arm darauf ruhen kann, ohne die Schulter hochziehen zu müssen und die fließende Armbewegung zu hemmen.

Das Blatt Papier vor dem Kind bringt dessen Bewußtsein unmittelbar in eine zweidimensionale Beziehung zwischen ihm und dem Papier. Es sollte groß genug und völlig glatt sein. Das Kind sollte in der Lage sein, aus seiner inneren Empfindung heraus über das Papier hin und her, rauf und runter und ringsherum zu malen. Wenn sich das Papier bewegt, dann kommt sich das Kind wie ein fester Punkt vor, um den sich der Raum dreht.

Die Übungen zur "Körper-Geographie" helfen, die Hand-Arm-Bewegungen zu lockern. Eine Möglichkeit, dem Kind zu helfen, sich über die Schreibfläche zu bewegen, besteht darin, zu üben, wie man sich über den Tisch dehnt und wieder zurückzieht, zuerst ohne und dann mit dem Bleistift.

Nehmen Sie die Hand des Schülers zur linken Seite des Tisches hinüber - zuerst geballt; während nun der Daumen in seiner Haltung bleibt, wird die Hand voll ausgestreckt, dann zum kleinen Finger hin geballt. Aus der jetzigen Daumenhaltung heraus nun die Hand strecken und zusammenziehen lassen, bis - über das Papier hinweg - der Tischrand erreicht ist. Dann diesen Vorgang mit einem Bleistift in der Hand wiederholen lassen.

Die ersten Zeichenübungen sind fortlaufende Formen. Die Lehrer können sie selbst entwickeln; einige Beispiele sind angegeben (vgl. S. 117).

Die nachfolgenden Methoden haben die Auge-Hand-Koordination sowie Entspannung und Rhythmus zum Ziel.
"Das Auge sollte liebevoll dem folgen, was die Hand tut"
(R. Steiner)

1. Lassen Sie das Kind das Muster in die Luft zeichnen und dazu die ganze Handfläche benutzen.

2. Jetzt mit einer Feder das gleiche tun.
3. Jetzt mit dem Finger.
4. Linkes Auge bedecken und mit dem anderen Auge und einem Finger wiederholen.
5. Beide Augen schließen und das Muster mit der Hand in die Luft malen.
6. Linkes Auge zudecken (mit Blau, wenn die Dominanz gewechselt werden soll - siehe: Sterne-Zählen (Übung). Mit dem rechten Auge dem Muster folgen.
7. Jetzt beide Augen schließen und in Gedanken dem Muster nachgehen.

Beobachten Sie das Kind dabei genau, denn es soll diese Übung sehr aktiv durchführen. Während des Zeichnens sollten Sie Wert darauf legen, daß die Bewegung vom Schweren zum Leichten sowohl im Wert wie in der Farbgebung miterlebt wird.

Nachstehende Übungen sollten durchgeführt werden. Siehe Zeichnungen.

A Übungen im Spiegeln auf senkrechter und waagerechter Achse.
B Die Blumenstab-Übung (siehe "Tests" S. 14)
C Lemniskaten in Raumes-Richtungen - wie dargestellt (S. 117)
D Flächen-Übungen - wie dargestellt (S. 118)
E Durchdringende Dreiecks-Übung } für Kinder
F Geometrie des Sechsecks } von 11 Jahren aufwärts

ÜBUNGEN MIT DER BEWEGTEN GERADEN UND DER LEMNISKATE
(Immer nach der Kupferball-Übung anzuwenden; auch als unabhängige Übung möglich)

Ein Zeichenbogen ca. 0,6 m x 0,4 m Größe ist notwendig, oder bei wenig Material kann auch die Rückseite von Fotokopien, vor allem von Architekten, verwendet werden, da diese Bogen in Qualität und Größe sehr geeignet sind.

Sagen Sie dem Kind, es soll zwei farbige Malkreiden (blockartig) wählen und in jeder Hand ein Stück mit den Fingern festhalten und darauf achten, daß die lange Seite ganz auf dem Papier aufliegt. Es soll nun mit der einen Hand eine gerade Linie rauf und runter und mit der anderen Hand eine große Acht (Lemniskate) malen, beides über die ganze Länge des Papierbogens, der vom Lehrer festgehalten wird. Welche Form für welche Hand gewählt wird, ist völlig freizustellen. Das Kind darf zum Lernen der Übung mit einer Form zunächst beginnen, wenn es wünscht; aber dann sollten beide Formen für ca. drei bis vier Minuten gleichzeitig gezeichnet werden.

Um die Finger am Ende des ersten Teils dieser Übung zu entspannen, stellen Sie sich vor den Schüler und zeigen ihm Ihre rechte Hand. Drehen Sie Ihren Daumen gegen den Uhrzeigersinn einige Male rund um den Zeigefinger. Wiederholen Sie das um jeden Finger herum. - (Es gibt geeignete Vierzeiler, die man zu dieser Übung verwenden kann.) - Wiederholen Sie das nun mit der *linken* Hand. Nun soll der Daumen im *Uhrzeigersinn* rund um jeden Finger bewegt werden.

Jetzt drehen Sie das Papier um, wechseln die Kreide aus und wiederholen die Bewegungsübung, wobei jede Hand jetzt die entgegengesetzte Form malen soll. Dauer drei bis sechs Minuten.

Beobachtungen

Notieren Sie verschiedene Anfangspunkte und Richtungen im

Vergleich mit der dargestellten richtigen Version (vgl. S. 64). Verschiedenheiten - wie: der Beginn am unteren Papierrand; oder die Bewegung führt von der Lemniskate zur Geraden und umgekehrt; dann plötzlicher Richtungswechsel während der Übung usw., deuten auf eine Spaltung hin, die zwischen dem Sehen, der ausstreckenden und aufrichtenden Bewegung besteht (stretching and lifting movement).

MACHEN SIE KEINE BEMERKUNGEN
GREIFEN SIE NICHT EIN
DIESE ÜBUNG BRINGT IHREN EIGENEN AUSGLEICH HERVOR

Beobachten Sie einfach: Wenn die Gegenbewegungen sehr stark sind, verkürzen Sie die Zeit. LEDIGLICH IM ZWEITEN VIERTELJAHR können wir AM ANFANG DER ÜBUNG vorschlagen, daß die Bewegung entweder auf die Linie zu oder von ihr weg gemacht wird, oder wir lassen unseren eigenen Finger in der korrekten Richtung gleiten und sagen dazu: "Folge mir auf diesem Weg." Tut der Schüler dies nicht: KEIN KOMMENTAR und KEINE KORREKTUR. Sagen Sie einfach dasselbe in der nächsten Stunde sehr liebenswürdig und freundlich und waren Sie geduldig. Lassen Sie weitere Anweisungen über mehrere Unterrichtsstunden hinweg beiseite. Dadurch wird ein Feingefühl entwickelt.

Die Bewegungen der Arme weiten die Brust, die Atmung wird tiefer; Ausdehnen und Zusammenziehen, Vor- und Rückwärtsbewegungen kommen ins Spiel. Die Augen müssen auf die Hände sehen, die Konzentration wird beherrscht. Achten Sie darauf, daß die Füße fest auf dem Fußboden stehen und der Stuhl nicht zu hoch ist. Es ist *wichtig*, daß der Schüler richtig zurücksitzt, damit Rückgrat und Hüften die Bewegungen ganz aufnehmen. Achten Sie darauf, daß die Finger, *besonders die kleinen Finger*, alle den Kreideblock festhalten.

BEWEGTE GERADE UND LEMNISKATE

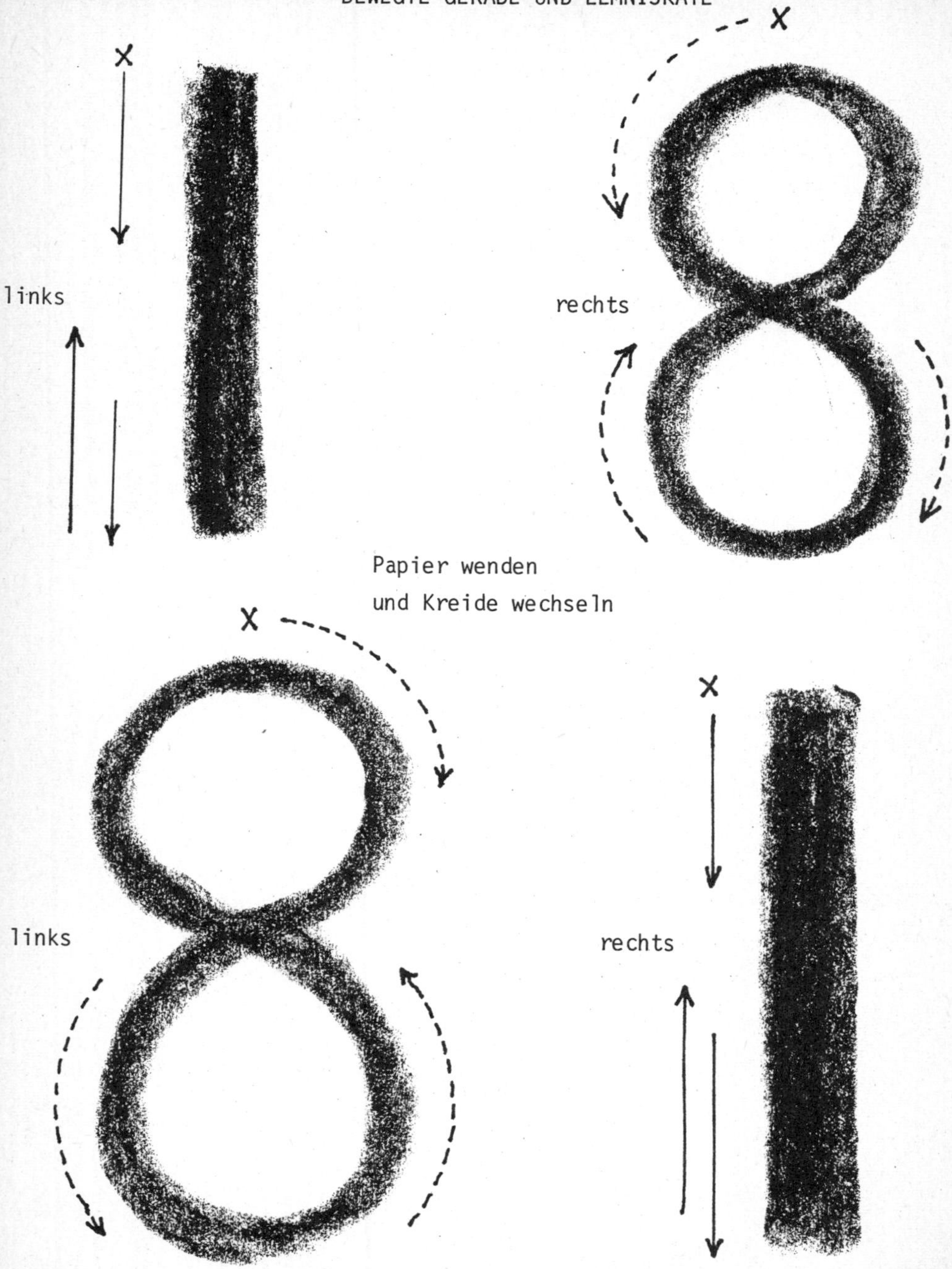

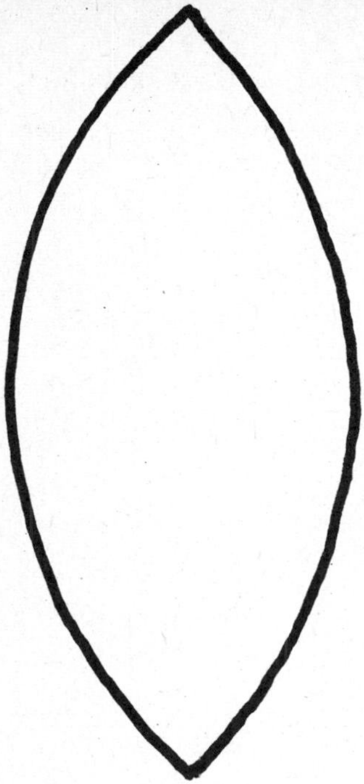

VIER STÜCKE

ZWEI STÜCKE

(5 Mark)

MUSTER
FÜR FILZBÄLLE

Mache eine feste Füllung,

Kern mit Papiertüchern,

dann ausfüllen mit

Vlies oder Wollresten
(Kapok wird klumpig)

DER ZAHLEN-STERN

Um bei rechtshändigen Kindern die Seitendominanz vom linken auf das rechte Auge überzuleiten, bedecken Sie das linke Auge mit blauem Brillenglas, das Sie in den Rahmen einer alten Sonnenbrille einsetzen - blaue Klarsichtfolie in doppelter Stärke eignet sich besonders gut dazu - .

DIE METHODE

Zeichnen Sie einen Kreis mit zwölf Punkten in gleichen Abständen. Von irgendeinem gewählten Punkt aus zählen Sie 5; nun ziehen Sie vom Ausgangspunkt bis zu diesem fünften Punkt eine Linie. Von da aus zählen Sie nochmals fünf Punkte weiter. Beginnen Sie an der bereits gezogenen Linie und machen Sie weiter bis zur neuen Position. Wiederholen Sie das, ständig im Uhrzeigersinn weitergehend, bis die Linie wieder am Ausgangspunkt ankommt. Der Stern kann als Hausarbeit farbig ausgemalt werden. Es kann jede beliebige Anzahl an Punkten im Kreis gewählt werden. Die Linien müssen sich überschneiden. Sie müssen jeden Punkt berühren und zum Ausgangspunkt zurückkehren.

Beobachtungen

Achten Sie darauf, daß der Schüler beim Zählen die rechte Hand mitbewegt (laut zählen lassen). Die linke Hand sollte auf den Punkt zeigen, zu welchem die Linie zu ziehen ist. Immer im Uhrzeigersinn.

Diese Übung ist auch für langsame, träge Denker und Beweger gut, aber auch für ein Kind mit raschen, oberflächlichen Fähigkeiten. Eine heilsame Konzentrationsübung; aber auch für ein mathematisch begabtes Kind interessant.

Hier sind einige Kreis-Beispiele mit Nummernfolgen für das Zählen:

Anzahl der Kreispunkte (für Zahlen-Stern)	"Sprungzahlen"
5	2
7	3, 4
11	4, 5, 6, 7
12	5, 7
13	5, 6, 7, 8
15	4, 7, 8, 11
16	7, 9
17	4, 7, 8, 9, 10, 13
18	5, 7, 11, 13
19	5, 6, 7, 8, 9, 10, 11, 12, 13, 14
20	7, 9, 11, 13

ZAHLENSTERN

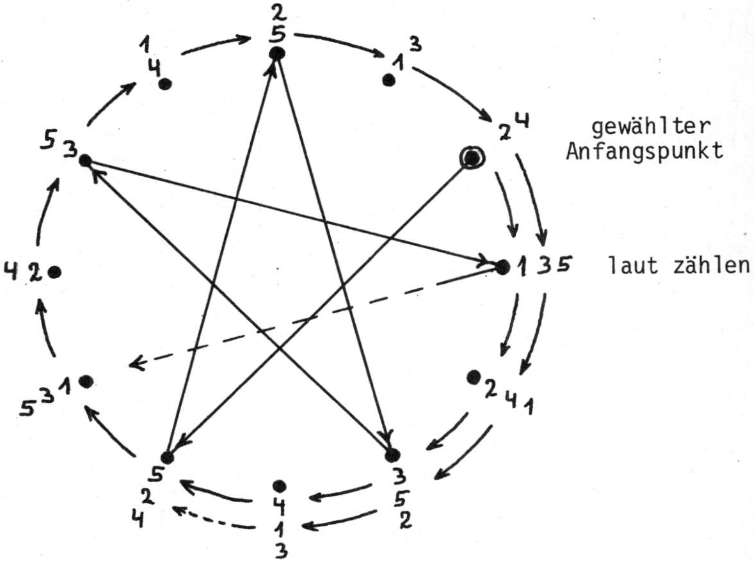

DREIECKE (vgl. Zeichnungen S. 116)
Ineinandergehende Dreiecke (Freihandzeichnen - in jeder Beziehung)

Zeichnen Sie mit dem Schüler zwei gleichseitige Dreiecke, die sich in der Mitte mit je einer Ecke berühren.

Bewegen Sie die Ecke des oberen Dreiecks in das untere in einer frei gewählten Anzahl von Schritten bis ein Sechs-Stern zu sehen ist. Malen Sie das Grund-Dreieck mit einer Farbe und die Ecken des beweglichen Dreiecks mit einer anderen aus. Wiederholen Sie das mit einem neuen Dreieckspaar, wobei sich nun das untere Dreieck in das obere hineinschiebt. Wiederholen Sie, wobei jedes Dreieck im Wechsel einen Schritt vorwärts in das andere bewegt wird, bis der Stern erscheint.

Beobachtungen

1. Ziel: Genauigkeit durch Auge-Hand-Koordination und Beurteilung

2. Diese Übung läßt die Beziehung zwischen freier Wahl und der Verantwortlichkeit für das, was gewählt wurde, klar erkennen.

   Sie ist sehr heilsam für Teenager-Probleme. Beachten Sie Ausdehnung oder Zusammenziehung des Dreiecks und auch die Ängstlichkeit, die sich in der "Schritt-Enge" zeigt.

GEOMETRIE DES SECHSECKS

Bemalen Sie ein Zeichenpapier mit harmonisch ineinandergehenden

Kreisen (Radius sechsmal im Umkreis, um ein "lazy daisy pattern" (Gänseblümchen-Muster) zu erzielen.

Das wirksame Element in dieser Übung ist nicht so sehr die sich ergebende geometrische Form, sondern die fortwährende Notwendigkeit, das Kreismuster zu wiederholen.

ERKUNDUNG DES MUSTERS

Erster Schritt: Der Schüler soll soviel vollständige Kreise wie möglich herausfinden, dann die Blütenblätter gleichfarbig ausmalen. Die Blumenblätter können andersfarbig bemalt werden. Nun umgekehrt. Zuerst die Blütenblätter, dann die Kreise finden. Lassen Sie sich nicht dazu verleiten, diese Übung als "zu einfach" zu sehen und sie auszulassen!

Zweiter Schritt: Herausfinden und Bemalen gerader Linien zwischen den Blumenblättern (petals), (die parallel stehen).

Dritter Schritt: Anmalen der Blütenblätter, so daß Dreiecke zu sehen sind.

Vierter Schritt: Zeichnen Sie die Diagonalen der Kreise ein, um die Sechsecke zu bilden; die übrigen Konstruktionslinien ausradieren. ("Die Honigwabe").

Fünfter Schritt: Beginnen Sie mit dem mittleren Sechseck und zeichnen Sie folgendes im Wechsel an die Seiten:

1. Dreiecke; 2. Parallelogramme; 3. Rechtecke; 4. Trapeze, 5. Rhomben.

Nun ist der sechs-spitzige Stern in der Mitte des Sechsecks herauszufinden, und dann sind ähnliche Sterne an die Seiten zu zeichnen. Man kann nun ineinanderliegende Muster ausarbeiten und dazu als Ausgangspunkt die Seiten des mittleren Sechsecks benutzen; ebenso die Seiten des Vierecks der "Fischblasen". Es können Muster zwischen diesen und den Rechtecken oder Trapezen eingesetzt werden. +

Die erforderliche Genauigkeitsschulung für das Zeichnen dieser sich überschneidenden Kreise und das visuelle Gefallen an geometrischen Formen macht diese Übung zu einer sehr befriedigenden Aufgabe. Es wird mathematisches "Gefühl" entwickelt, das in späterer Arbeit in Wissen umgesetzt wird.

SCHATTIERTES ZEICHNEN

Das lineare Muster verbindet den Seh- oder Gesichtssinn mit der Denkfähigkeit, die für die Entwicklung der allgemeinen Durchschnittsintelligenz notwendig ist.

Die Zeichnung einer Landschaft oder Farbstudie, die unter Verwendung einer Schrägschraffur (diagonale Striche) entsteht, durchbricht die Gedankengrenze der Sinneswahrnehmung und entfaltet die Phantasie. Das fehlt unseren Schülern heute leider sehr, weil die natürliche, ideenreiche Phantasie der ersten sieben Jahre durch zuviel Teilnahme und Anpassung an geistige Anforderungen der Erwachsenen oft von Anfang an unterdrückt wurde.

Ein Weg, die gesunde Vorstellungskraft wieder zu beleben und hervorzurufen, kann durch das schattierende, anregende Malen gefunden werden.

+ Anregungen zu diesem Gebiet findet man bei Alexander Strockosch, Geometrie durch übende Anschauung, J. Ch. Mellinger Verlag, Stuttgart 1962, Teil I und II.

BLUMENMUSTER

Grundfigur

Die diagonale Linie spricht die erforderliche Willenskraft an, die "Sicht" (Sehkraft) vor- und zurückzuführen; denn wir müssen ja unsere Augen im Kopf selbst auf den Gegenstand hin und von ihm weg bewegen.

Rhythmische Striche konzentrieren die Aufmerksamkeit und verlangen Geduld, da das Bild nur schrittweise entsteht. Mit Hilfe des Lehrers kann es eine große Befriedigung für den Schüler werden.

Diese Zeichenmethode kann vom siebten Lebensjahr an mit einfachen Farbübungen begonnen werden, z.B. mit der Reihenfolge der Regenbogenfarben und der Schattierung von hellen zu dunklen Tönen einer Farbe. - Sobald eine Fertigkeit erreicht ist, können leichte Formen versucht werden. Später können wir diese Methode für das Schriftzeichnen verwenden (vgl. S. 88).

In einer Klassenarbeit beginnen Sie am besten mit dem Schattieren eines Bildes beim Himmel und gehen dann allmählich auf die gesamte Bildfläche über. - Damit vermeiden Sie ein überbetontes "Hineinmalen" mit waagerecht schraffierten Linien in bereits vorhandene Umrisse wie Bäume Hügel, Häuser usw. Die Möglichkeit, sich aus eigener Vorstellung heraus bildlich zufriedenstellend auszudrücken, sollte für das Kind nicht eingeschränkt werden.

MAL-ÜBUNGEN

Die Sonne am blauen Himmel

Dieses Motiv hilft den Kindern, sich innerlich zu lösen und sich zu konzentrieren. Eine besondere Hilfe bedeutet es für

Kinder, die plötzlich beginnen zu lügen und zu stehlen.

Arbeitsweise

Machen Sie das Malpapier durch Eintauchen in einen Eimer mit Wasser gut naß und breiten Sie es auf einem nassen Brett aus; drücken Sie die Luftblasen heraus und saugen Sie überflüssige Feuchtigkeit mit einem Schwamm ab. Mischen Sie ultramarinblaue Wasserfarbe mit Wasser zu einem ziemlich dunklen Farbton, ebenso ein Goldgelb. Begonnen wird nun mit einem Pinsel voll Gelb. In der Mitte des Papiers wird ein "Ball" gemalt; der äußere Rand wird verwischt und damit der Farbton am Rand heller. Nun wird die blaue Farbe benutzt, damit an der AUSSENSEITE begonnen und in Richtung Gelb gemalt. Die Farbe wird immer blasser, bis die Ränder gemischt sind. (Kein Grün aufkommen lassen!)

Nächste Stunde

Wiederholen. - Mit Blau beginnen und in der Mitte Platz lassen, damit das Gelb zu sehen ist. - Wiederholen Sie diese Abfolge, bis das Kind ein Gleichgewicht in Größe und Farbton zwischen Sonne und Himmel erzielt (betrifft beide Methoden).

Wenn das erreicht ist, kann das Motiv wieder aufgegriffen werden, und das Kind darf nach der zweiten Wiederholung noch etwas zusätzlich auf das Bild malen, z.B. einen Vogel. Die darauffolgende Woche wird dann das Sonnen-Motiv mit dem Vogel wiederholt und nun noch etwas hinzugefügt: das Meer oder ein Feld, bis das ganze Bild auf diese Weise "komponiert" ist.

DIE BLAU-ROTE SPIRALE

Für alle Kinder jeden Alters geeignet: Diese Übung hilft, sich zu konzentrieren und zu entspannen und bringt im Ein- und Ausatmen eine natürliche Harmonie hervor. - Man kann zu dieser Übung Makulatur-Papier (dickes, saugfähiges Papier) verwenden. - Lassen Sie das Kind mit blauer Farbe lange, ununterbrochene Striche waagerecht (unabhängig von Zeichnungen) von links nach rechts vom oberen zum unteren Blattrand ziehen, so daß das Blatt blau getönt ist.
Dann nehmen Sie eine viel dickere Menge Blau und lassen mit einer sich einwickelnden Spirale links oben auf dem Blatt beginnen. Diese Spirale dreht sich im Uhrzeigersinn nach innen. Mit der Spiralübung wollen wir erreichen, daß die Hand-Arm-Bewegung direkt bis zur Schulter hinaufgeht. Verwenden Sie flache Pinsel, damit die Drehbewegung gut gesehen wird. Benutzen Sie nun die Breitseite des Pinsels und "zeichnen" Sie die Spirale durchweg mit einem stetigen Strich. In dem Augenblick, wo es soweit ist, von der Rundung nach unten zu malen, heben Sie die ganze Hand und führen die Bewegung fort, indem Sie jedesmal die Hand wenden, anstatt den Pinsel zwischen den Fingern zu drehen, um den Strich in der vollen Pinselbreite zu halten. Auf diese Weise werden Auge, Hand und Arm in den Bewegungsfluß einbezogen.

Zweite Stunde

Lassen Sie nun das Papier rot bemalen und mit einem dunkleren Rot von der Mitte zur Peripherie eine Spirale formen, die sich wieder im Uhrzeigersinn nach rechts dreht.

Passen Sie weiterhin auf, daß das Kind den Pinsel kontrolliert hält.

ÜBUNG MIT DER BLAU-ROTEN SPIRALE

1.) Blau auf Blau

2.) Rot auf Rot

3.) Blau mit roter Spirale

4.) Rot mit blauer Spirale

5.) Freie Wahl

HILFSÜBUNG MIT FARBEN

Orange *

Rot

Gelb

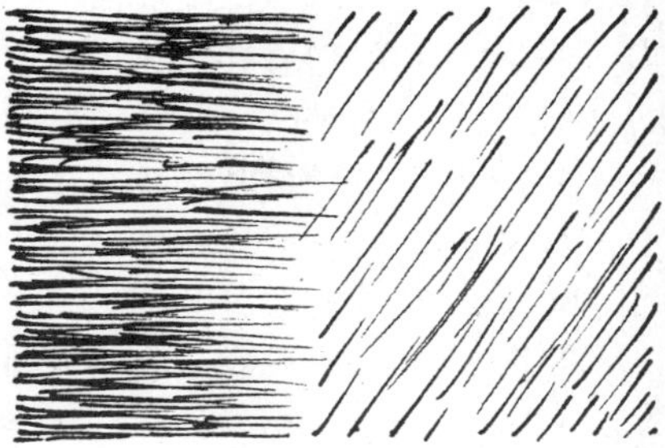

* Malrichtung von links nach rechts und von oben nach unten

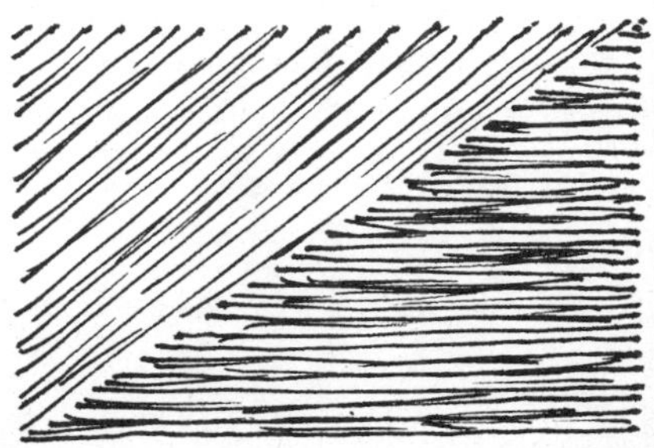

Dritte Stunde

Lassen Sie mit (nasser) Farbe nun einen blauen Hintergrund malen. Von innen nach außen lassen Sie mit dem Pinsel wieder eine Spirale machen, und dabei ist die noch nasse blaue Farbe so zu entfernen, daß man das weiße Papier sehen kann. Nun wird von der *Mitte* nach *außen* in diese helle Form das ROT hineingemalt. Die Bewegung geht dabei entgegen dem Uhrzeiger (anticlockwise), die Form sieht aber ebenfalls aus wie die von links nach rechts gemalte Spirale.

Vierte Stunde

Lassen Sie nun einen roten Hintergrund malen und auf der linken Seite beginnen, was wieder eine nach Uhrzeiger einwärtsgehende Spirale ergibt, während die noch nasse Farbe mit dem Pinsel vom Papier abgetragen wird (weißes Papier ist zu sehen). Und dann wird diese Form blau ausgemalt.

Fünfte Stunde

Freie Wahl einer der vorherigen Kombinationen.

Beobachtungen

Notieren Sie die Wahl der Richtung und wo damit begonnen wird, den Hintergrund zu malen. Es wird Schwierigkeiten im Meistern der Pinselführung geben. Geben Sie aber nicht auf. Diese Übung hat einen bemerkenswerten, helfenden Effekt zur Lösung von Dominanz-Problemen.

Wiederholen Sie diese Übung in einem Quartal zweimal, bis die

Spirale leicht und unbeschwert gemalt werden kann.

NEBEN-ÜBUNG IM FARB-MALEN

1. Um bei der Raumesorientierung zu helfen,
2. ebenso in Beziehung zur Körpergeographie,
3. vom 10. Lebensjahr an geeignet.

Lassen Sie dem Kind die Wahl, entweder mit Violett, Orange oder Grün zu malen. Mit der gewählten Farbe (z.B. Orange) wird das Papier mit langen, rhythmischen Strichen bedeckt, waagerecht - von links nach rechts, ein Strich neben dem anderen, sich leicht überschneidend. Fragen Sie nun, welche Farben im Orange versteckt sind: Rot und Gelb.

Auf einem neuen Blatt Makulatur sind diese Farben nun nebeneinander zu malen, die eine Papierhälfte in Gelb, die andere in Rot (eigene Farbwahl für die Hälften und Malrichtung). Auf farbigen Flächen wird nun "links-rechts" sichtbar.

Nächste Stunde

Hintergrund mit Orange wiederholen. Auf einem weiteren Bogen Papier mit Rot/Gelb malen lassen, zur Hälfte oben und zur Hälfte unten auf dem Blatt (freie Wahl der Farbe für obere und untere Blatthälfte).

Dritte Stunde

Orangefarbigen Hintergrund wiederholen. Zweite Malübung: Die eine Farbe in der Blattmitte mit der anderen Farbe ummalen lassen.

Vierte Stunde

Orangefarbigen Hintergrund wiederholen. Von den sich gegenüberliegenden Ecken aus von links nach rechts malen lassen, so daß es eine diagonale Strichrichtung ergibt. Oder von der Blattmitte aus in Richtung sich gegenüberliegender Ecken malen. (Freie Wahl).

Fünfte Stunde

Ein Bild oder eine Form malen lassen; alle drei Farben dazu anwenden.

Beobachtungen

Diese Übung ist besonders für zurückhaltende, gehemmte Kinder gut; auch für Kinder, die mit sich selbst zufrieden sind und sich durch nichts stören lassen.

Wesentlich ist die Wiederholung dieser Übung. Beobachten Sie, wie manches Kind an einer Farbe "klebenbleibt". Wenn es die Wahl ändert, hat die Übung ihren Zweck erfüllt. Wiederholen Sie nach einiger Zeit, um einerseits zu prüfen, wie das Kind reagiert, oder wie es andererseits in einer Entwicklungsstufe festsitzt.

DIE BLAU/ROTE PERSPEKTIVE-ÜBUNG

Das Ziel ist, die Aufmerksamkeit auf das räumliche Verhältnis im Körper zu erziehen. - Bei Kindern unter elf Jahren noch nicht zu empfehlen. (Siehe Zeichnungen

ÜBUNG ZUR BLAU-ROT-PERSPEKTIVE

(siehe S. 78)

Version L

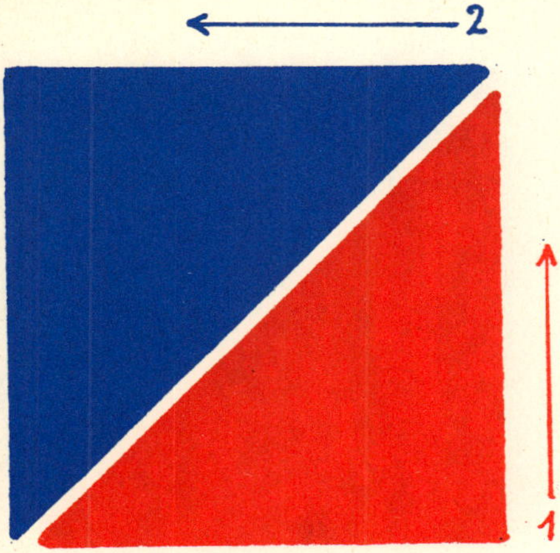

für alle Kinder

Version M

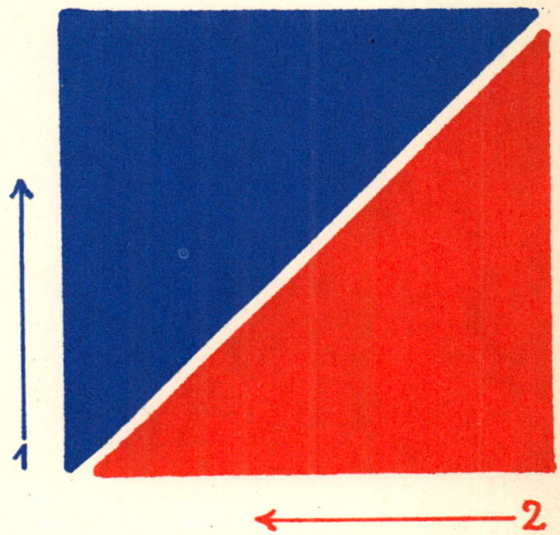

zur Kontrolle des linken Fußes

Version N

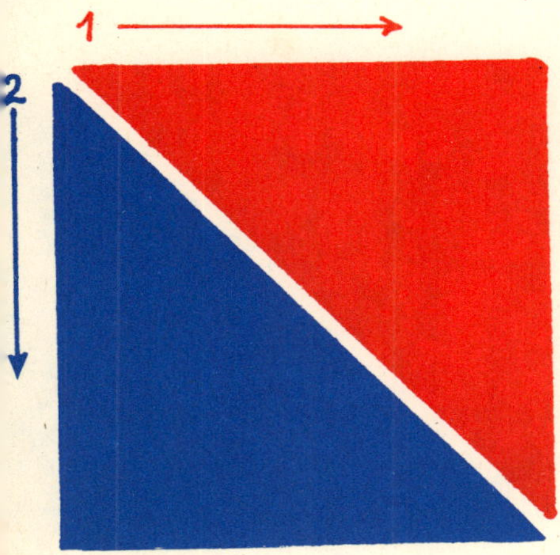

zur Kontrolle des rechten Fußes

Version O

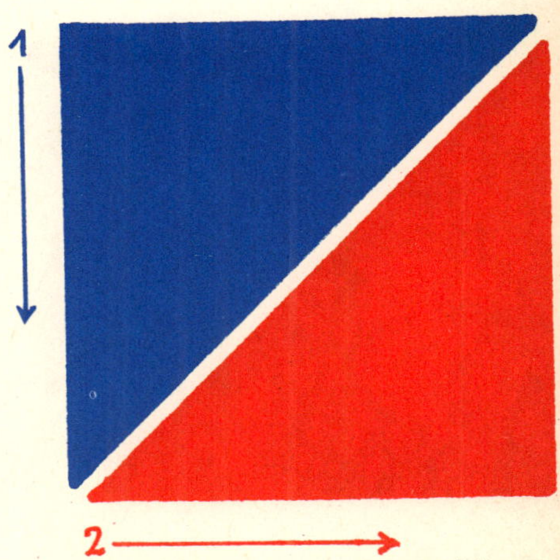

für Kinder, die von rechts nach links beginnen zu arbeiten

Benutzen Sie für diese Übung ein sehr großes Blatt Makulatur-Papier.

Nehmen Sie zwei Marmeladengläser. Eines ist mit ultramarinblauer Wasserfarbe - verdünnt - aber noch in kräftigem Farbton, das andere Glas mit Karminrot zu füllen. In jedes Glas wird ein breiter Pinsel gesteckt. Nun soll der Schüler mit dem Pinsel lange, ununterbrochene Striche ziehen, einen Strich neben dem anderen; *zuerst* mit der *einen* Farbe in angegebener Richtung: *einen* Strich. Der Pinsel wird danach in das Glas zurückgesteckt. - Dann wird der Pinsel aus dem anderen Glas genommen und *ein Strich* in der gegebenen Richtung gezogen. Nach und nach soll nun eine diagonale Linie zwischen beiden Farben quer über das Papier laufen.

(Zum Malen darf nur eine Hand gebraucht werden.)

Beobachten Sie das Kind zwei oder drei Übungsstunden hindurch, ehe Sie korrigieren.

Beobachtungen

Diese Übung ist besonders für das zerstreute, unkonzentrierte Kind gut; und für Kinder, die sich nicht so leicht an irgendwelche Ereignisse erinnern können. Weiterhin ist es eine gute Übung für Kinder, die in ihrer früheren Kindheit Schocks erlitten haben, was sie mitunter zu "Mutterkindern" (an Mutters Schürze hängen) gemacht hat. Es betrifft auch Kinder, die in den Ferien lange Flugreisen mitmachen müssen.

Die Kinder malen diese Übungen größtenteils mit großer Sorgfalt und Konzentration, was besonders die älteren betrifft.

Die Version L ist die Hauptübung für allgemeinen Gebrauch.

Version M ist als zusätzliche Übung gedacht, speziell für Kinder, die den linken Fuß bei der "Ball-Roll-Übung" nicht kontrollieren können. Üben Sie im Rhythmus 3:1.

Diese Übungen sind ebenfalls für Kinder von Bedeutung, die mit der linken Hand "wählen" und den Gegenstand dann zum Gebrauch in die rechte Hand geben.

In den Augenblicken, in welchen wir beobachten können, daß das Kind darauf besteht, mit dem Malen von links nach rechts auf dem Bogen zu beginnen - manchmal mit senkrechten Strichen -, sollten wir mit Version O eingreifen und helfen.

Medizinisch gesehen, ist das ein Anzeichen eines geringfügigen Gehirnschadens. Wir können versuchen, individuell zu helfen, wenn wir durch diese Übungen einen orientierten Ausgleich schaffen. "O" dreimal, "M" einmal wöchentlich oder eine Woche lang in bestimmten Zeitabständen.

Bemerkung:

Die Numerierung und die Reihenfolge der Bewegungen bei der rechtwinkeligen Dreiecksübung und den "Blau-Rot"-Malübungen wurden in Übereinstimmung mit den Gesetzen gewählt, die in den Vorträgen Rudolf Steiners - betitelt "Anthroposophie" - in Berlin im Jahre 1909 erwähnt wurden.

DIE HERSTELLUNG EINES BROTLAIBES

Hier haben wir eine gute Übung, die das Kind auf dem bestmöglichen Weg mit anderen Kindern sozial verbindet. Ebenso ist es eine Art "Linderungsmittel", wenn ein Kind das Gefühl hat, als einziges herausgesucht zu sein und "Übungen machen zu müssen".

Die Vorbereitung des Brotteigs bringt verschiedene, praktische Dinge mit sich, wie z.B. angewandtes Lesen und Rechnen, wenngleich beim ersten Mal die Anweisungen mündlich gegeben werden. Dies ist wiederum eine praktische Übung für das Hören und Begreifen; denn das steht stets auf schwachen Füßen.

Zeigen Sie Ihrem Schüler immer nur einmal, wo alles aufbewahrt wird, auch dann, wenn es nötig ist, jede Schublade und jeden Schrank in weiteren Unterrichtsstunden aufzumachen. Sie können jederzeit das Spiel anwenden "Jetzt wird es heiß" - "Und jetzt wird es kalt", für den Fall, daß die Situation verzweifelt wird. Durch diese Übung erfahren wir, was von der Raumeslehre, den damit verbundenen Bewegungen und der Erinnerung daran hängengeblieben ist und was durch eingreifende Hilfe wieder aufgefrischt werden muß.

Das Kneten des Teiges erfordert eine harmonische Beziehung zwischen streckenden und aufrichtenden Bewegungen (stretching and lifting movements), wobei eine "Spiralbewegung" die Tätigkeit vervollständigt. Achten Sie darauf, daß das Kind mit gespreizten Beinen dasteht, so daß das Körpergewicht gut verteilt ist und die Arme möglichst gerade ausgestreckt sind (beim Kneten des Teiges). Wenn die Hände in den Teig hineingedrückt werden, sollen die Daumen nebeneinander gehalten kräftig mitdrücken, wodurch erzielt wird, daß das Körpergewicht aus den Schultern heraus auf Arme und Hände übergeht. Der Teig wird niedergedrückt, und die Arme bewegen sich nach vorn, vom Körper weggehalten. Mit Handflächen und gestreckten Fingern wird nun der Teig vor- und zurückgerollt, die Enden nach innen gelegt und eine Art Kugel geformt, wobei die rechte Hand eine spiralartige Bewegung ausführt. Wiederholen: Ellenbogen nicht abwinkeln!

Beobachtungen

Manche Kinder stecken die Hände in das angefeuchtete Mehl und machen den Teig ziemlich schnell. Andere ziehen ihre mit Mehl beklebten Hände heraus und "schreien" protestierend dabei. Diesen Kindern ist nicht so einfach zu helfen, - es dauert seine Zeit. Achten Sie darauf, daß die Kraft beim Kneten auf die Unterarme gelegt wird und es vermieden wird, den Körper mit in die Bewegung einzubeziehen. Bei gestreckten Armen wird eine gute Atmung erreicht. Sie werden feststellen, wie wenig sich bei manchen Kindern die Brust richtig dehnt und wie leicht diese ermüden. Gönnen Sie den Kindern den Spaß am Teigmachen, wenn sie daran herumklatschen, ihn auf- und niederwerfen und Formen kneten, z.B. Gesichter etc. Zeigen Sie ihnen einiges, übliche Brotformen und was Tradition ist (je nach Gegend des Wohngebietes).

Es kann vorkommen, daß das Kind, während es den Brotlaib formt und eifrig knetet, laut spricht und sein Herz ausschüttet über Druck und Sorgen, unter welchen es leidet. Man bekommt den Eindruck, daß es mehr zu sich selbst spricht als zu jemandem, der zuhört. Eine Beruhigung ist hier besser angebracht als eine Diskussion.

ERGEBNISSE

Die nach einem Quartal von Kollegen gegebenen Kommentare zu solchen Arbeiten lauten etwa wie folgt:

> "Er ist viel besser."
> "Er ist kein Störenfried mehr im Klassenzimmer."
> "Jetzt eine ganz andere Handlungsweise."
> "Endlich versucht er nun, etwas zu arbeiten."
> "Nicht mehr so unruhig und belästigend für andere Kinder."
> "Viel ruhiger, aber kann noch nicht lesen."

Wir können Mut fassen: Wenigstens kommen die "Nebenwirkungen" unter Kontrolle.

Solche Veränderungen zeigen uns, daß die zunehmenden Kräfte im Kind das, was wir lehren, aufnehmen und verarbeiten. Unser eventueller Erfolg oder Mißerfolg hängt davon ab, ob ein momentaner körperlicher Schaden besteht, der nicht ausgeglichen werden kann; oder es hängt von unserer Geduld und unserem Vertrauen ab, die Willenskräfte durch rhythmische Übungen und Wiederholung zu stärken.

Wenn wir an das Kind all diese Dinge herantragen, die zur Grundlage seines intelligenzerzeugenden Organismus gehören, dann wird die Basis für sein Denken, Fühlen und Wollen eventuell in eine Harmonie geführt, in der sich die Gesundheit des Kindes bessert und das Verständnis für geistige Arbeit wächst.

KAPITEL 4

Die Wiederaufnahme der formalen Arbeit im Lesen und Rechnen

DAS LESEN

Wenn Kinder das Lesen schon frühzeitig beherrschen, sind sie auf einer Bildungsstufe, die den Eltern größte Genugtuung bereitet und - nach deren Einschätzung - das "kluge" Kind vom langsamen trennt.

Die Richtlinien unserer Ausbildungs- und Erziehungspläne erwarten vom Lehrer, daß er sich auf eine verfrühte Lesefähigkeit einstellt, obwohl Forschungsprojekte bewiesen haben, daß ein Kind von gut sechs Jahren in kurzer Zeit die Leistungsfähigkeit entwickelt, zu welcher ein Kind, das bereits mit fünf Jahren anfängt, doppelt so lange benötigt.

Die meisten Kinder haben die Fähigkeit, auf die heutigen Unterrichtsmethoden anzusprechen, und erfüllen die geforderten Normen. Ob dies in späteren Jahren ihrer Gesundheit gut tut, wird in einem besonderen Teil in den Diskussionen zwischen Rudolf Steiner und Lehrern erörtert.

Kinder, die mit dem Lesen Schwierigkeiten haben, müssen den Weg - von vorn angefangen - wiederholen, um die Kunst des Schreibens zu lernen, - und dann das Lesen.

Wiederholen liegt allem Wachsen und Gedeihen von Pflanze und Tier - bis hin zu den Funktionen menschlichen Seins - zugrunde. Wir alle werden geboren, wechseln unsere Zähne, gehen durch die

Reifezeit und werden erwachsen. - So bestehen gute Gründe, die historische Abfolge zu wiederholen, aus der sich das Lesen von Bildern zum Lesen von Schriftzeichen entwickelt hat. - Wir schrieben zuerst und lasen dann, was wir niedergeschrieben hatten. (R. Steiner "Der pädagogische Wert der Menschenkenntnis und der Kulturwert der Pädagogik", Arnheim 1924, G.A. 310).

Die Umstände, die ein Kind manchmal zu uns bringen - was Lesen anbetrifft -, haben ihre Ursachen darin, daß auf einer gewissen Stufe der Laut eines Buchstabens in Verbindung mit seiner Form und mit einem Wortbeispiel z.B. "B" für BAD - nicht begriffen und daher rein verstandesmäßig abgelehnt wurde, denn die Form und der Laut B haben mit dem genannten Gegenstand - Bad - keinerlei Beziehung, auch wenn es mehr oder weniger eine Gedächtnisstütze sein sollte.

Der Gegenstand, den das Kind tatsächlich sehen kann, bedeutet für es die Wirklichkeit, und ein Kind weigert sich, ihn auf etwas zu beziehen und wird sich nicht erinnern. Die ganze Sache ist dann durcheinander und zeigt widersprüchliche Empfindungen, Verwirrung, Angst und Ärger; denn das Kind ist nicht imstande, die Anforderungen der Erwachsenen zu erfüllen, und es ist nicht in der Lage, mit anderen Kindern zurechtzukommen - wegen der eigenen Unfähigkeit. Wir können daher sehr wohl verstehen, weshalb ein Kind empfindungsmäßig zwischen Frustration und Mangel an Interesse hin- und herschwankt.

Um einem Kind hier zu helfen, müssen wir Zeichen, Laut und passende Bewegungen zu einer Einheit bringen und ein Bild schaffen.
Für einige Laute und Zeichen müssen wir unsere Phantasie walten lassen.

Welle

Vogel

Mund

Tor

Indem wir die ersten Elemente des Lesens auf solche Weise darboten, verfehlten wir nicht, das Interesse der Zwölfjährigen zu wecken. Hatten wir ihnen den Vorgang klargemacht, dann konnten sie mit ihrer eigenen Phantasie die meisten Buchstaben in Bilder umwandeln und eine Geschichte "weben". Manche Schüler konnten selbst eine Geschichte niederschreiben; andere haben ihre Geschichte diktiert. Sie wurde dann in klarer Kupferplatten-Druckschrift für sie niedergeschrieben, und sie mußten sie im "Malschreiben" abschreiben, wozu sie ein gefaltetes Blatt im Format 1,20 x 0,75 m benutzten. Die erste Seite wurde als Deckblatt genommen. In jeder Stunde haben dann die Schüler einen Teil der Zeit darauf verwandt, Bilder zu entwerfen, die eine Geschichte illustrierten. Auf der Innenseite wurden in Linealbreite, Abstand ca. 3-4 cm, Linien gezogen. - Unsere Schüler sind nicht besonders geschickt, und so vergeht eine Stunde wie im Fluge. - Mit einem sehr feinen Pinsel haben sie "malend geschrieben", was der Aufgabe den gewissen "Glanz" verlieh.

Vom therapeutischen Standpunkt aus gesehen, erfordert dies einen völligen Wechsel in den Bewegungsgewohnheiten, vor allem das Halten des Pinsels - und ihn "schwebend" zu führen, was neue Muskelkraft verlangt und andere Muskeln ins Spiel bringt. Das Kind zeigt Interesse; Auge und Hand arbeiten auf andere Weise zusammen, und wenn es soweit ist und wir die Aufgabe beendet haben, ist die Antipathie gegen Gedrucktes und Geschriebenes überwunden. Aus Erfahrung möchten die Kinder meistens diese Arbeiten gern behalten.

Kinder mit gekreuzter Seitendominanz zwischen Auge und Hand erhielten ein Brillengestell ohne Linsen, und das zu beachtende (over-dominant) Auge mußte durch eine Linse mit *blauer* Klarsichtfolie durchschauen - wenn es das *linke* Auge betraf; oder durch eine *rote* Klarsichtfolie, wenn es das *rechte* Auge war. Auf diese Weise wurde das unbedeckte Auge aktiviert und entwickelte die gefragte Dominanz.

Es wurde den Kindern frei überlassen, mit welcher Farbe sie malen wollten. Manche wechselten die Farbe bei jedem Wort im Satz, bis sie zum Schluß den ganzen Satz verstanden bzw. begriffen hatten. Andere benutzten eine Zeitlang für jede Zeile eine neue Farbe. Es war interessant zu beobachten, wie sehr gegen das Ende der Geschichte das Verständnis für einen Satz wuchs. Um das gefaltete Blatt zu füllen, wurde eine passende Kurzfassung vom Lehrer geschrieben. Gelegentlich beharrten Kinder auf gewissen Einzelheiten, und es mußte dann eine Seite hinzugefügt werden.

In jeder Stunde wurde der Teil der Geschichte laut vorgelesen, der bereits aufgeschrieben war.

„X, Y und Z finden den magischen Opal"

DER MAGISCHE OPAL

DER MAGISCHE OPAL

DER MAGISCHE OPAL

Während des Vorlesens mußte der Schüler bei jedem Wort einen Schritt machen und sich bei einem Punkt (am Satzende) umdrehen und in die Gegenrichtung gehen. - Während des gesamten Projektes war es ein Teil der Hausaufgabe, zuerst die großen Buchstaben zu schraffieren und anschließend das ganze Wort. Das nächste Mal wurden nur die großen Buchstaben schraffiert. Zum Schluß wurde das Wort in gewöhnlicher Schrift geschrieben. Auf diese Weise erreichten wir die notwendige Wiederholung. Diese Arbeit kann Anlaß dazu geben, Wortlisten aus dem ausgezeichneten Buch von F. SCHONELL abschreiben zu lassen oder einen Stil zu wählen, den der Lehrer für die formale Arbeit für passend hält.

Schlechtem Schreiben und unbewegtem Hinstieren kann abgeholfen werden, wenn wir etwas tun, was die Augen veranlaßt, beim Schreiben nicht-gewohnte Bewegungen zu machen. Es ist möglich, Kindern zu helfen, während des Schreibens die Buchstaben einzeln mit den Augen zu buchstabieren (buchstabierend zu sehen), wenn sie "chinesisch" (von oben nach unten, statt von links nach rechts) oder "griechisch" schreiben. (s. u.).

Wählen Sie ein gut bekanntes Gedicht oder einen Kinderreim und beginnen Sie, auf der rechten Seite von oben nach unten einen Buchstaben unter den anderen zu schreiben. Dann lassen Sie das Kind im griechischen "Bustrophedon" von rechts nach links und von links nach rechts, und selbst mit umgekehrten Buchstaben, schreiben.
(Bustrophedon bedeutet das Hin- und Herwenden eines Ochsen beim Pflügen - "Ochse" und "wenden").

Ein heftig protestierender linkshändiger legasthenischer Junge mit unleserlicher Handschrift und keinerlei Interesse am Schreiben meinte schließlich, es würde ihm nichts ausmachen, "ägyptisch" zu schreiben. Die Hieroglyphen für Ramses, Tutmoses und Scribe wurden ordnungsgemäß herausgesucht, und der Junge wurde aufgefordert, auf das größte Format von Makulaturpapier einen Hintergrund in Blau zu malen, wobei er die Kartuschen der Hieroglyphen freilassen mußte. Diese wurden danach rot ausgemalt. Dies zwang ihn, sich das Bild der Hieroglyphe innerlich vor Augen zu halten, während er den Hintergrund malte. Als alles fertig war, hatte er nun etwas vor sich, das nur er lesen konnte und sonst niemand! - Später brachte er sich selbst bei, schön zu schreiben. Ein derartiger Einzelfall ändert keineswegs das Ergebnis der Aufgabe. Interesse an einer Sache regt immer innerlich an und ist ein erster Schritt zum Begreifen.

Das Malen von Wörtern und Sätzen kann auf diese Art ebenfalls auf mancher Entwicklungsstufe helfend wirken.

DAS LESEN

Wir haben uns nun mit dem Problem des lauten Lesens zu befassen. Um hier für den Leser und den Zuhörer ein befriedigendes Ergebnis zu erreichen, ist rasches Begreifen des Inhalts notwendig, was bei Übungen vom Umfang abhängt, der minimal gehalten sein sollte.

DAS ENTWICKELN VON SINNESBEZIEHUNGEN

Als Vorbereitung für diese Fähigkeit wird eine Anzahl von Übungen beschrieben, die die Sinnesbeziehungen im Kind erwecken. Diese Übungen sind für den täglichen Gebrauch gedacht und sollten während eines Lehrabschnitts in der Förderarbeit angewandt werden.

Bei Verlust der Sehfähigkeit wird oft die Aktivität der Sinne verschärft. - Also werden wir unserem Schüler die Augen verbinden, oder die Gläser einer Bade- oder Taucherbrille übermalen und ihm einige der folgenden Aufgaben geben.

1) <u>Mit verbundenen Augen</u>

Auffädeln von Holz- und Glasperlen nach einem Vorführ-Muster.
Raten lassen, wieviele er aufgefädelt hat.
Gegenstände ausgeben und feststellen lassen, was es ist.
Gegenstände mit den Füßen abtasten lassen usw.
Geräusche hören und erkennen.
Aus welcher Richtung sind sie gekommen ...
von hoch oben, aus dem nächsten Zimmer, von unten?

Auf die Geräusche aufmerksam machen, die aus den Richtungen im Raum kommen.

Stricken, häkeln, modellieren, flechten und knoten.
Sieben Geschmacksrichtungen unterscheiden lassen: süß, sauer, scharf, bitter, salzig, pikant, stark gewürzt (evtl. herb, beißend).

Oberflächen und Stoffe (Gewebe) beschreiben lassen.

2) <u>Augen schließen</u>
<u>Übungen, die das Beobachten zum Nachdenken veranlassen</u>

Mach deine Augen zu und nenne fünf Dinge im Zimmer:
(die Anzahl von Gegenständen jedes weitere Mal erhöhen)

"Was ist auf der linken Seite der Tür, wenn du hereinkommst?"
"An wievielen Menschen bist du auf dem Weg zur Schule vorbeigegangen?"
"Ist am Schulzugang ein Baum?"

Um die Beobachtung mit dem Gedächtnis zu verbinden, fragen Sie:

"Was habe ich gestern getragen?"
"Welche Farbe hat heute die Krawatte von Herrn X? - (gestern?)"-
"Was wurde im Raum verändert?"
"Was wurde hinzugefügt?"

Übung, um das Gedächtnis anzuregen

Wir können eine einfache Frage stellen und dem Schüler sagen, er soll die Antwort zurückhalten und sie am nächsten Tag geben. Die Frage muß so klar sein, daß die Antwort sofort da ist, z.B.: "Wieviele Beine hat eine Kuh?"

Übung, die dem Kind hilft, Begriffe zu bilden

Lassen Sie das Kind etwas beschreiben, das jedoch nicht von ihm genannt wird und das Sie raten sollen. Dann muß das Kind raten, was Sie beschreiben. Lassen Sie etwas wählen und mit *einem Wort* beschreiben, dann mit zwei, dann mit drei Worten etc. oder - fragen: Wieviele Gegenstände im Raum beginnen mit dem gleichen Buchstaben?

Wie wir dazu beitragen können, den Hörsinn zu schärfen

Wir sitzen mit dem Schüler in Ruhe da und fragen, wieviele Geräusche er hören kann; er nennt sie und sagt, woher sie kommen und was die Geräusche verursacht hat, bzw. wodurch sie entstehen.

Weiterhin können wir auf einer Leier oder Zither die Tonleiter mit Intervallen spielen und den Schüler auffordern, mit seiner Armbewegung stufenweise anzudeuten, wie die Töne "hinaufsteigen und wieder fallen". Schlagen Sie nach einer Note einen Ton an und zählen Sie dazu die Takte im Rhythmus mit. Der Schüler muß dazu im Takt in die Hände klatschen, dann dazu gehen - oder marschieren - und anschließend den Ton auch spielen. Lassen Sie ihn dazu ein paar Worte aussuchen, die zum Rhythmus passen, und ermitteln Sie in einem Wort davon den Takt zu der vorher gespielten Note (zum vorgespielten Ton).

Man kann diese Übung auf einen ganzen Satz erweitern.

Das Kind sollte so geschickt werden, daß es nach einmaligem Zuhören den Rhythmus bereits "nachstapfen" und dazu eine Trommel oder ein Tamburin schlagen kann.

Achten Sie darauf, daß der Hexameter-Rhythmus auf diese Weise beherrscht wird.

Übung zur Herstellung einer Beziehung zwischen Hören, Bewegen und Sehen

Wir können folgendes machen: Wir nennen eine Zahl, z.B. zwölf, und fragen, wie hoch die Zahl sein wird, wenn der Schüler bis zur Tür geht und die Schritte zählt. Er soll schätzen und dann selbst feststellen können, ob er recht hatte. Er geht, zählt bis zwölf und dann weiter, bis er die Tür erreicht hat. Dann soll er sagen, wieviele Schritte er machen mußte.

Sobald ein gewisser Grad an Geschicklichkeit und Selbstvertrauen erreicht ist, können wir anfangen, direkt auf das Lesen zuzusteuern. Eine neue Form des Lautlesens muß sich im Gedächtnis des Schülers bilden. Hat das Kind etwas Talent zum Schauspielern? Zeigt es bereits, daß ihm Wörter zu sprechen Spaß macht? Gehört das Kind zu den scheuen, zurückgezogenen, für die es eine Plage ist, den Mund aufzumachen und einen Ton zu sagen?

Für die vorgenannten Kinder ist der "Agricola" des Tacitus eine großartige Leseübung. Er ist dafür gedacht, vor einer Zuhörerschaft vorgelesen zu werden. Erläutern Sie die Szene (wenn möglich) daher am besten, indem Sie den Zusammenhang der Lektüre erklären. Stellen Sie sich mit dem Schüler zusammen vor einen Notenständer, auf dem das Buch (eine Übersetzung natürlich!) steht. Sie lesen den ersten Satz laut vor. Ihr Schüler zeigt dabei auf die Worte im Buch und soll mit Ihrem Sprechen Schritt halten. - Dann muß er den gleichen Satz versuchen zu lesen - er kann es natürlich nicht. Deshalb flüstern Sie ihm alles vor, während er weitermacht und mit dem Finger auf das zeigt, was er spricht. Machen Sie einige Minuten so weiter. Es wird auf uns wie ein Schock wirken, sobald wir feststellen können, wie gering die Beziehung zwischen Hören und Erinnerungsvermögen ist. Das Wichtige an dieser Sache ist, daß es Spaß macht und ein richtiger Schwung im Sprechen der Sätze und in der Aussprache neuer, klangvoller Wörter liegt. Auf das kommt es letzten Endes an, wenn vom Lesen die Rede ist.

Das empfindliche Kind wird mit Julius Cäsar glücklicher sein: klare, kurze Sätze drücken das, was gemeint ist, genau aus.

Wenn das Vertrauen gefestigt ist und der Schüler für Sie auf die Worte zeigt, die vorzulesen sind, können Sie plötzlich anhalten und ihn das Wort sagen lassen, wo Sie stehen geblieben sind. Sie sollten dabei aber sicher sein, daß der Schüler entweder das Wort kennt oder es phonetisch lesen kann.

Im umgekehrten Sinn nennen Sie auf der Seite ein schwieriges Wort und lassen ihn es selbst finden.

Dem Lesenden, der dauernd aufschaut, kann man helfen, wenn man ein Stück Papier nimmt, ein Fenster hineinschneidet und das Stück Papier so auf die Buchseite legt, daß ein Wort in dem ausgeschnittenen Fenster erscheint. Dann decken Sie das Wort zu und lassen es vom Kind nennen.

<u>Wie wir Kindern im Alter von 6 - 8 Jahren helfen können</u>

Schreiben Sie einen gut bekannten Reim auf. Lassen Sie diesen von den Schülern durchlesen. Eine Seite darin soll wiedererkannt werden, wenn der Lehrer fragt, dann ein Wort, und zum Schluß ein Buchstabe in einem Wort.

Wir können helfen, indem wir eine Art Versteifung von Lesegewohnheiten und das Aufhalten bei einem unbekannten Wort abbauen oder die übermäßige Konzentration in der Aussprache von Lauten in einem "rhythmischen Lesen" gleichmäßig entwickeln.

ERSTE STUFE:

Nehmen Sie eine Postkarte und bedecken Sie den Text in einem Buch mit Ausnahme der Wortgruppe oder des Satzes, den der Schüler lesen soll. Er liest still und zeigt mit dem Finger auf den Text. Dann liest er laut, immer noch darauf zeigend.

Setzen Sie diese Übungsart durch den Abschnitt im Buch hindurch fort.

ZWEITE STUFE:

Er liest schweigend den ihm gezeigten Teil. Dann wird dieser zugedeckt, und er sagt laut, was er gelesen hat.

DRITTE STUFE:

Der Schüler liest schweigend. Dann wird der Satz abgedeckt. Nun sagt er ihn laut. Dann schreibt er den Satz nieder und vergleicht ihn mit seinem Buch.

An Stufe 1 sollte solange geübt werden, bis das Kind damit leicht zurechtkommt. Dann kann auf die anderen Stufen übergegangen werden.

Durch diese Methode wird das durch Spannungen verursachte flache Atmen überwunden. Weiterhin ist ausreichend Zeit gegeben, das Begreifen zu entwickeln. Und so bildet sich ein Rhythmus zwischen Atmen und Begreifen.

Durch das Schreiben und Lesen kann das Gedächtnis entwickelt werden.

<u>Für 15 - 18-jährige Jugendliche, die nur geringe Lesefähigkeiten haben</u>

Geben Sie den Schülern eine gewisse Zeit zum Lesen eines Abschnittes. Am Ende der gegebenen Zeit müssen sie in einem Wort sagen können, wovon der Abschnitt handelt. Dann sollen sie es mit zwei Worten sagen; dann mit drei.

<u>Dies entwickelt gedankliches Fassungsvermögen.</u>

DAS RECHNEN

Auch dieses Unterrichtsfach erfordert Bewegungsfähigkeit. - Hier betrifft es die innere Konzentration, die während eines Vorgangs eine Bewegung verursacht, die sich von einer Sache zur anderen fortsetzt. - Diese Fähigkeit mangelt unserem Schüler. Sie fehlt ebenso in seinen physischen Bewegungen. Es ist ein Kind, das nicht mit den anderen Schritt halten kann. Diese Kinder wundern sich, daß sie sich nicht so bewegen können, wie sie es sich vorstellen. Sie sind richtig verstimmt und verletzt, wenn z.B. ein Ball nicht gleich zwischen den Beinen hervorschießt - oder sie ihn dauernd wieder fallen lassen. - Vergleichen Sie im Gegenteil hierzu den Nicht-Leser, der noch nicht einmal weiß, daß er Beine hat.

Die Stunden für diese Schüler sollten jene Bewegungsübungen enthalten, bei denen das Zählen und das Einmaleins laut gesprochen werden kann, - wie bei der Schreitübung, die das Hören und Bewegen verbindet (wie schon erwähnt) - und beim Zahlenstern.

Überprüfen Sie die Seitendominanz des Schülers und festigen Sie sie mit der Rechtwinkel-Dreiecks-Übung. Verwenden Sie die Kupferball- oder die Stabroll-Übung, um aus der Spannung eine Entspannung zu machen.

Wir können die Verbindung zwischen dem Sehen und Begreifen entwickeln, wenn wir den "Bohnen-Zähl-Test" ausbauen. Der Schüler soll raten, wieviele Bohnen insgesamt in dem Häuflein sind - soll sie aussortieren und bestimmen, wieviele rot und wieviele blau sind. Danach hat er alle zu zählen. Ein andermal zählt er sie insgesamt zuerst und sortiert sie dann in zwei Häuflein auf und soll von einem die Menge schätzen, - die Bohnen vom anderen jedoch auszählen und dann an der insgesamt gezählten Menge korrigieren, was er geschätzt hat.

Bringen Sie diese Übung auf verschiedene Art: z.B. mit einer genannten Anzahl beginnen, die Bohnen dann in verschiedene Häuflein aufteilen, wovon eines ungezählt bleibt und später ausgerechnet werden muß, was von der Anzahl der Bohnen in den anderen Häufchen abhängt, die nun gezählt werden.

Das entfaltet Selbstvertrauen! - Wir können auch diese Methode bei den drei anderen Rechenaufgaben anwenden.
(Vgl. Rudolf Steiner,"Seminarbesprechungen", Stuttgart 1919, 4. Vortrag).

Es ist ganz allgemein so, daß Zwölfjährige noch nicht begriffen haben, wie Einheiten, z.B. Zehner und Hunderter usw., gebildet werden. Ebenso wie Zahlen zusammengesetzt und geschrieben werden. Wiederholen Sie, indem Sie Halbliter, Liter und Gallon- (ca. 4 Liter) Maße praktisch verwenden, z.B. am Abwaschbecken in der Küche mit Krug, Flasche und Eimer hantieren. Wenn das verstanden wurde, üben Sie das Aufteilen z.B. von drei Tagen (à 24 Stunden) in Minuten und in Sekunden und umgekehrt.

Dann können Sie erklären, was Einheiten, Zehner und Hunderter, sind. Üben Sie das Schreiben der Lösungen in Worten hierzu. Dadurch wird die Angst überwunden. Wenn einer unfähig ist, Zahlenbegriffe zu verstehen, wird es immer zu einer Spannung und Angst vor dem Unbekannten kommen und zur Folge haben, daß die Reaktion langsam oder sogar stumpfsinnig ist.

Wir können auch hier eingreifen und versuchen, die gefühlsmäßige Haltung einzudämmen, wenn wir über den Wert und die Beschaffenheit der Zahlen und über ihre Beziehung zum Körper und zur Gestalt sprechen.

Die Nummer Eins ist ein Ganzes und unteilbar. Der Schüler ist eine Person, aber die Zwei ist in seinen zwei Augen, zwei Armen etc. enthalten. Es drückt sich außerdem in ihm die "Dreiheit" aus: Kopf, Rumpf und Gliedmaßen etc. - Diese Erklärung gibt ihm Selbstvertrauen.

Wir können vom Zahlenstern zu geometrischen Formen (siehe Zeichnung S. 116) überleiten. Lassen Sie den Schüler ein möglichst großes, gleichseitiges Dreieck frei aus der Hand zeichnen und die Seiten in gleiche Abschnitte einteilen. Numerieren Sie die Teile der Grundlinie, fahren Sie auf der nächsten Seite des Dreiecks fort, aber beginnen Sie wieder mit 1. Beginnen Sie auf der dritten Seite auch mit 1. Nun werden alle Einser und Zweier usw. frei Hand miteinander verbunden, und es muß ein durch die Geraden gebildeter Kreis in der Mitte auftauchen. Dasselbe geschieht mit dem Fünfeck und dem Sechseck. Dieses rhythmische Zählen, die Formen hierzu und die Genauigkeit bauen das so dringend notwendige Selbstvertrauen und die Freude am Reiz der Zahlen auf. +

Nehmen Sie ein Blatt Papier und lassen Sie es den Schüler in zwei Stücke zerreißen. Das kann man mit ihm nicht machen! Seine "Eins" ist ein Ganzes, und das sind alle Teile ebenfalls. Er lernt nun einen Umstand kennen, wo Zahlen weniger als die Eins wert sind. Wir stellen jedoch bei Brüchen fest, daß jeder Teil gleich ist. Lassen Sie ihn das Papier gleichmäßig falten und dann zerreißen.

Gehen Sie dann zum Zeichnen von Kreisen über und teilen Sie gleichmäßig von 1/2 bis 1/12 usw. auf. Der Schüler soll nun die gefragten Brüche vom Zähler farbig anmalen: $\frac{3}{4}$, $\frac{7}{12}$ usw.

+ Anregungen zur Freihandgeometrie finden sich bei Arnold Wyss, Ernst Bühler u.a., Lebendiges Denken durch Geometrie, Verlag Freies Geistesleben, Stuttgart 1978.

Das Geheimnis von $\frac{3}{4}$ und $\frac{6}{8}$ wird ihm bald einleuchten. Als ein großes Finale backen Sie zusammen einen Rührkuchen und teilen ihn in Scheiben auf; und wenn alle Arbeit getan ist, essen Sie die Kuchenstücke dann mit den Schülern.

Der Leser hat vermutlich das Gefühl, daß hier ein Übermaß von Übungen gegeben sei und viele davon das gleiche in anderer Form wiederholen. Unsere Schüler brauchen aber gerade diese Herausforderung und Überraschung, was sie befähigt, die laufenden Wiederholungen der grundlegenden therapeutischen Übungen durchzuhalten; denn *Wiederholung stärkt den Willen und pflegt das Gedächtnis.*

Das sind Fähigkeiten, die unsere Schüler dringend brauchen.

Ein Fünfzehnjähriger bemerkte am Ende einer zweijährigen Arbeit nebenbei:
"Ich wäre nicht gekommen, wenn mir das, was Sie mir gezeigt, und das, was Sie mit mir geübt haben, nicht gefallen hätte."

KAPITEL 5

Die Qualität der Zeit, die der Schüler bei uns verbringt, ist ebenso wichtig wie die Anweisungen, die wir geben müssen. Es darf keinesfalls das Gefühl vorhanden sein, daß Druck ausgeübt wird oder daß es von Wichtigkeit ist, vorwärtszukommen.

Wir können unsere Arbeitsmethode den jüngeren Schülern im Alter von 11 - 12 Jahren vorbringen, wenn wir beschreiben, wie der Bauer zuerst seine Felder vorbereitet, ehe er den Weizen sät; und dann können wir ihnen sagen, daß wir es ähnlich tun wollen, und wenn wir es gründlich tun, dann wird das Schreiben auf natürliche Weise und von alleine "kommen".

Dem etwas älteren Schüler von 13 Jahren an können wir offen und ehrlich sagen, daß das Lesen eine Sache der Bewegung ist und daß die gesamte Form des Buchstabens und Wortes durch die Bewegung des Auges verfolgt und so begriffen werden muß, daß man das Gefühl hat, der Körper sei wie von einem "Blitzstrahl" erfaßt, und es spiegelt sich im Verstand das wider, was das Auge sieht.

In unseren gemeinsamen Stunden werden wir alle "Arten der Bewegung" erkunden, um festzustellen, was das "Blitzen" evtl. hindert.

Die Kinder sind beides zu gleicher Zeit, durcheinander und erleichtert. Das Interesse wird geweckt, und ihre eigene Unfähigkeit erregt Neugier und fordert sie heraus, viele dieser Übungen mitzumachen. Wenn es die Umstände erlauben, ist es für unseren Schüler besser, daß während der ersten zwei Lehrabschnitte kein formales Lesen geübt wird, denn wenn er sich bisher geweigert hat, Belehrungen anzunehmen und zu verarbeiten und er nicht wiedergeben kann, was er wissen sollte, dann ist ein Sättigungsgrad des Organismus erreicht. Es hat dann keinen Sinn, auf diese Schwäche Druck auszuüben und noch mehr zu fordern; wir würden vielmehr alles verschlechtern und Unannehmlichkeiten verursachen. Wir müssen uns zum Ziel setzen, die sich ergänzenden Teile des Organismus *mit unserer Übungsmethode* zu unterstützen und zu pflegen, um damit ein Wachsen der Fähigkeiten anzuregen.

Die Unterrichtsstunde sollte so aufgebaut sein, daß alle diskutierten Elemente darin vorkommen: Körper-Geographie, Raumes-Orientierung, Dominanz usw., und sie sollten von allen Seiten gepflegt werden - im Bewegen, Zeichnen und Malen.

Die Grundübung, die in jeder Unterrichtsstunde enthalten sein sollte, ist die Kupferballübung, gefolgt von der Übung mit der "Sich-bewegenden-Geraden und der Lemniskate". Auf diese sind die anderen Übungen aufgebaut.- Die Stab-Roll-Übung ist ein "Muß" für blasse, schwache Kinder; für jene, die sich zurückziehen, und für diejenigen mit schlechter, flacher Atmung.

Wenn die Dominanz des Auges gewechselt werden soll, muß der Zahlenstern regelmäßig geübt werden, wobei das "falsch"-dominante Auge mit der entsprechenden Farblinse bedeckt wird. Alle Stunden sollten mit einer Malübung enden.

Mit der Übung am rechtwinkeligen Dreieck sollte im zweiten Tertial begonnen und mindestens ein Tertial hindurch in einer Stunde pro Woche geübt werden! Wenn die formale Arbeit im Lesen und Buchstabieren begonnen hat, sollte diese Übung fortgesetzt werden.

BEISPIEL FÜR EIN ARBEITSPROGRAMM BEI EINER STUNDE PRO WOCHE

Stabrollen - Murmeln zwischen den Zehen - Ballwerfen - Blumenstab-Übung und Zahlenstern - Kupferballübung und sich bewegende Lemniskate - eine Übung mit verbundenen Augen und eine Malübung (eine Stunde).

Kurze tägliche Sitzung. Achtwochen-Zeitabschnitt.
Frage und Antwort - Zahlenstern - Kupferball
oder:
Frage und Antwort - Übung am rechtwinkeligen Dreieck und Malen (20 Minuten).

Vor dem Schulunterricht kann eine Sitzung den Zahlenstern und eine Malübung enthalten, oder die Übung am rechtwinkeligen Dreieck, gefolgt vom Lesen im "Tacitusstil" - oder rhythmischem Lesen, auch von einer Frageübung (12 Minuten).

Für Kinder, die bereits 15 - 18 Jahre alt sind und lesen *wollen*, können wir einiges von der formalen Arbeit vorbringen, sobald sich im Formenzeichnen, Spiegelmustern (siehe S. 17 und 18) usw. eine Geschicklichkeit entwickelt hat. Sie können mit den Buchstaben-Bildern beginnen und daraus ihre eigene Geschichte zusammensetzen. - Schraffieren der großen Buchstaben. Schraffieren nur einer Farbe im Hintergrund, so daß die Form des Buchstabens erscheint, dann diesen ausmalen. Wörter können auf die gleiche Weise verwendet werden.

Übung, um eine innere Seh-Vorstellung hervorzurufen

Schreiben Sie zuerst Buchstaben und dann Wörter auf den Rücken des Schülers oder mit einer Vogelfeder auf die Handfläche. Lassen Sie ihn dies zur gleichen Zeit in sein Heft schreiben und lesen. Lassen Sie ihn ein Wort wählen, welches dann auf seinen *Rücken* geschrieben wird, während er es wiederum niederschreibt. *Aber Bewegungsübungen und das Malen müssen den größten Teil des Unterrichts ausmachen und überwiegend bleiben.*

HAUSAUFGABEN - Das ist ein MUSS: 10 Minuten täglich hält die Legasthenie fern!

Ein Teil der ersten Unterrichtsstunden sollte damit verbracht werden, ein Hausaufgabenprogramm aufzubauen. Es soll aus Formen- und Musterzeichnen bestehen und einer Farbschraffurübung, außerdem soll mit Bienen- oder Knetwachs modelliert werden (Plastilin).

Ob ihre Mitschüler ein volles Hausaufgabenprogramm haben oder nicht, - unsere Schüler sollten eine ganz besondere Handarbeit als Aufgabe bekommen. Stricken ist eine wichtige Tätigkeit für Konzentration und Auge-Hand-Koordinierung, außerdem für das Zählen und Bilden von Begriffen. Aus diesem Grunde mußten Schüler von dreizehn Jahren an aufwärts - und das waren meistens Jungen - sich selbst im Schnellstrickverfahren einen Pullover stricken. Jede Woche mußte ein bestimmtes Quantum gestrickt werden. Das ist für das dritte oder vierte Tertial gedacht. - Das Herstellen eines Satzes Tischmatten oder eines kleinen Teppichs im Finger-Stricken ist auch besonders wegen des therapeutischen Effekts auf steife "ausstreckende Bewegungen" (stretching movements) von Wert. Es sollte während unseres Arbeitskurses mindestens eine Tischmatte auf diese Art hergestellt werden.

Sofern es bereits beherrscht wird, - die Blumenstabübung, das Zeichnen von sich-ineinander-schiebenden Dreiecken, die Vierecks- und Kreisausdehnung, das Zusammenziehen und die verschiedenen

Zahlenmuster, alles ist Material für Hausaufgaben. - Später können Wortlisten, und aus diesen Sätze gebildet und hinzugefügt werden. Unsere Schüler sollten auch handlungsreiche Erlebnisse, die gelesen oder beschrieben werden, und auch Geschichten aus Schulbüchern, die sie lesen, vervollständigen und ihren Schluß mit dem tatsächlichen vergleichen.

Wiederholen der Tests

DER KREUZTEST

am Ende des 3. Tertials oder zu Beginn des neuen Schuljahres.

BLUMENSTAB

nicht nötig, da es eine therapeutische Übung ist und solange geübt wird, bis sie flüssig durchgeführt werden kann.

BOHNEN-ZÄHLEN

nicht nötig, wenn es als therapeutische Übung verwendet wird. Kann verwendet werden, um die Handdominanz nachzuprüfen und die Koordination Sprache-Bewegung, und zwar zu Beginn des dritten Tertials oder wenn ein neuer, kurzer Lehrabschnitt beginnt.

SEITENDOMINANZ

Einfache Nachprüfung am Ende des zweiten Tertials. Seitigkeitstest am Ende des dritten Tertials.

FARBNEIGUNG DES AUGES

Zwei- oder sogar dreimal während eines Tertials. Wenn ein Kind beginnt, die Sonne und den Mond zu personifizieren, indem es ihnen Gesichter und Charakter gibt. Machen Sie damit weiter und geben Sie ihm Woche für Woche Gelegenheit dazu, bis es selbst damit aufhört zu personifizieren. Die "Geschichte" und die Bilder zeigen uns, daß Spannungen und Gewohnheiten nun überwunden sind. Das ist selten, sollte aber nicht vereitelt werden für den Fall, daß es passiert.

Sie können den Test so ganz beiläufig gegen den Schluß einer Stunde einfügen, wo für ein ganzes "Bild" keine Zeit mehr wäre. Lediglich zwei Kinder haben den Test erkannt, und die gegebene Antwort hat charakterisiert - wie schon erwähnt - "ob der Schüler sein Roß reitet oder es trägt"; - aber Sie lassen ihn natürlich nicht wissen, was von beiden er tut!

Wir müssen erkennen, daß unsere Arbeit einen reinigenden Prozeß in unserem Schüler hervorruft, und daher sollten wir nicht überrascht sein, wenn er durch eine Krise geht. Seine Unfähigkeit ist eine Art Protest, und an einem gewissen Punkt ist er und sind wir gezwungen, dagegen anzukämpfen und damit fertigzuwerden.

Man empfindet diesen Augenblick als einen versteckten Eigensinn, und es liegt an unserer Gewandtheit, die Übungen so anzuwenden, daß sich der Wille des Kindes frei entfalten kann, das Ziel zu erreichen, und die Kräfte freistellt, so daß sich Fähigkeiten entwickeln können.

Der Farbneigungstest für das Auge zeigt uns, wenn wir "Blockierungen" berühren. Nach zwei oder drei korrekten Versionen können plötzlich "Umkehrungen" auftreten. Die Farbwahl - Rot - kann umschlagen in

"Zinnoberrot". Oder es wird stattdessen Blau und Gelb gewählt. Das passiert oft, und später verläuft alles wieder glatt, und die richtige Farbneigung bleibt somit erhalten.

Je mehr die Erfahrung wächst, um so mehr spüren wir, wann solche Vorgänge auftreten, und der Test wird uns entweder bestätigen oder die Frage stellen, durch welche Entwicklungsstufe der Schüler geht.

Wenn sich kein Fortschritt zeigt und wir "stecken bleiben", wird es sich zeigen, warum.

Die Übung am rechtwinkeligen Dreieck ist sehr entspannend. Bei aufmerksamer Beobachtung können wir feststellen, daß der Schüler in seiner Bewegung zu geschickt ist, wenn er diese Übung macht, oder daß das "nicht-dominante" Auge einen "stierenden" Blick hat.

Wir können dann versuchen, die Kräfte zu lösen, indem wir dem Schüler das "Gegenmuster" dieser Übung - das linke - für das rechtshändige Kind und die Rechtshänder-Version für das linkshändige Kind geben. (Siehe S. 49 und 50)

Vier- bis sechsmal, wenn die Unterrichtsstunde wöchentlich ist; zwei bis drei Wochen lang, wenn die Stunden täglich sind. Dann prüfen Sie nochmals den Farbtest.

Wenn sich kein Ergebnis zeigt, sollte die blau-rote Perspektive-Malübung dazugenommen werden.

ANWENDUNG DER ÜBUNGEN IN KLASSEN ODER GRUPPEN

6 - 9 Jahre

Die Methode, Buchstaben als Bilder einzuführen, kann von 6 Jahren an verwendet werden (vgl. R. Steiner, Stuttgart 1919, "Erziehungskunst. Methodisch-Didaktisches"). - In diesem Fall kann der Lehrer nach seiner Phantasie Bilder und Geschichten ausdenken. Dadurch können die Konsonanten als die "formgebenden" Laute und die Vokale als die "klingenden" Laute leicht erkannt werden. Sie sind für jedes Wort notwendig.

(Infolge der Schwierigkeit des englischen Buchstabierens müssen die Vokale durch Bilder mit entsprechendem Namen einstudiert und auch mit ihrem "sound" gelehrt werden, der die Gebärde einer Empfindungseigenschaft hat: OH - O - Überraschung. OO - Ehrfurcht. Das betrifft nur englischsprachige Schulen, wird aber hier als Hinweis für die Englischlehrer an Waldorfschulen erwähnt).

Kinder können die "langen" oder "Namen-rufenden" Laute der Vokale leicht nachmachen und mit kleinen Hüpfern und Gesten die gekürzte Version imitieren.

Das Verwenden von Großbuchstaben vor den kleinen Buchstaben ist in der Schreibschrift wichtig. Die Form der Großbuchstaben bringt das Naturgesetz mit sich, welches hier eine Grundlage für die Entwicklung ist: WIEDERHOLUNG, und zwar, ehe eine neue Fertigkeit erzielt werden kann. In diesem Fall die Wiederholung der Raumes-Orientierung, in die das Kind während der ersten 5 - 6 Jahre seines Lebens hineingewachsen ist.

Eine Durchsicht von Kinderzeichnungen zeigt uns die Art der Anordnung, in der das Oben-Unten, die Links-rechts-Symmetrie und die Diagonale ausgeführt wurden, was das Ergebnis der Sinneswahrnehmungen und der Bewegung des Körpers im dreidimensionalen Raum ist.

Auf einer neuen Entwicklungsstufe, z.B. nach dem Zahnwechsel, muß dies als Wahrnehmungsfähigkeit von innen her erlernt werden.

Welche bessere, wirklichkeitsnahe Übung können wir dem Kind bieten als diese: Geschichten in Form von Großbuchstaben wiederzugeben?

Jedesmal, wenn der Schüler ein "T" zeichnet, teilt er den Platz säuberlich mit einem Strich nach unten in Links und Rechts ein - und in Oben und Unten mit dem waagerechten Balkenstrich oben am "T".

Im Buchstaben "K" haben wir den Links-rechts-Raum in Beziehung zu einem diagonalen Vor- und Zurück, wenn die Striche zu und von dem zuerst mit Nachdruck gezogenen Strich gemacht werden.

Unsere Buchstaben sind aus den beiden Grundformen der Geometrie, der Geraden und dem Kreis (Biegung), zusammengesetzt.

Hier üben wir etwas von außerordentlichem Wert für die innere Begriffsvorstellung, da die "Buchstabenbilder" mit ihrer Form "gedanklich" noch verbunden sind und das Schreiben deshalb mehr Spaß macht. Es ist kein erhöhter Wortschatz notwendig, denn ein langes Wort ist selbst voller "Bilder", und durch Wiederholung entwickelt sich bald die Fähigkeit, sich zu erinnern. Das gemeinsame laute Lesen von der Wandtafel, das Schreiben der Schüler in der Klasse und allein führt zu selbstsicherem,ausdruckvollem Lesen.

Während an dieser Stufe gearbeitet wird, werden die Vorbereitungen für die kleinen Buchstaben, für das Handschreiben mit Musterbeispielen, Spiegelungsformen usw. getroffen.

Auf dieser Stufe sollten alle Übungen mit Körper-Geographie angewandt werden. Die grundlegende Körpergeographie ist in allen Singspielen für Kinder enthalten. Es gibt davon viele ausgezeichnete Bücher und Sammlungen. Nach der Meinung der Autorin sind das Spiele, die rhythmisch von den Kindern gespielt wurden und die verdrehte Seitendominanz und schwache Körpergeographie der frühen Kindheit "heilten".

Jetzt, wo ihr spontaner Gebrauch (Singspiele) mehr und mehr ausstirbt, sind die Erzieher dabei, sie in ihre Lehrpläne wiederaufzunehmen.

BEWEGUNGSÜBUNGEN

Alle Beispiele für das Ballwerfen: Links-rechts, Oben-unten-Orientierung. Stabrollen, Murmeln zwischen den Zehen.

(Stretching and lifting) "Streckungs- und Aufrichtungsübungen". - Sehr gut, um die Aufmerksamkeit einer Klasse vor dem Unterricht zu konzentrieren.

Klatsch- und Gehrhythmen.

Gehen und Stapfen zu Sätzen oder Zahlen, die vor- und rückwärts aufgesagt werden, und dann bei jeder Zahl oder jedem Wort einen Schritt rückwärts machen lassen.

Zeichnen: 6 - 7 Jahre - Handschrift-Muster (einzuführen wie für die Auge-Hand-Koordination usw., erwähnt)

Der Zahlenstern.

Sieben Jahre und darüber

Spiegelungen an einer senkrechten und waagerechten Achse, kreisförmige Wiederholung und Palindrom.

Beginnen mit Schraffurzeichnen für den "Himmel" in Malübungen.

MALEN:

Die blau-rote Spirale.

Das sollte während eines Lehrabschnitts mindestens einmal geübt werden, entweder täglich oder in jeder Woche ein Teil der Übung. Wenn die Übung auf Makulatur-Papier (eine Art Saugpapier) mit bereits gemischten Farben gemacht wird, wird vorgeschlagen, nur 10 - 15 Minuten einer Stunde dafür zu verwenden.

Für Kinder, die beim Zeichnen der rechtsdrehenden (Rechte Handrichtung) Spirale Schwierigkeiten haben, wenn man sie es selbst tun läßt, sollte die dreifache Spirale eine Zeitlang als individuelle Übung vor Unterrichtsbeginn gemacht werden oder in der Freizeit eingeschoben werden. Das Motiv - die Sonne am blauen Himmel - in Verbindung mit einer Erzählung.

VON NEUN JAHREN AN

Zeichnung: Die Blumenstab-Lemniskate. Räumliche Lemniskaten Flächen-Übungen.
Illustrierende Zeichnungen sollten jetzt mit der Schraffur-Technik gemacht werden.

Malen: Die Nebenübung in Farbe.

VON ELF JAHREN AN

Bewegung: Die Kupferball-Übung (in Gymnastik-Gruppen).
Hexameter: Gehen und Händeklatschen.

Zeichnen: Ineinandergeschobene Dreiecke.
Geometrie des Sechsecks.

Malen: Die blau-rote Perspektivübung, der Reihe nach. Version L und M. - Besonders nutzbringend für Klassen, in denen viele Kinder täglich einen langen Schulweg haben. -
Mindestens einmal pro Woche anwenden.

ÜBERPRÜFUNG VON KLASSEN

Bei Schuleintritt mit 6 Jahren: für alle Kinder

Zeichnen einer großen Acht;
Kreuztest;
Farbneigung des Auges;
Links-rechts-Koordinierung;
Körpergeographie

Auge- Bewegung - Sprach - Koordination
Seitigkeitstest (einfach).

Vom siebten Jahr an

Fügen Sie die Blumenstabübung dazu.
Spiegel-Hand-Übung;
Händigkeitstest (siehe Seite 10)

NACHPRÜFUNG BEI NEUN- UND ELF-BIS ZWÖLFJÄHRIGEN

Kreuztest
Farbneigung des Auges
Blumen-Stab-Übung
Seitigkeits- und Händigkeitstest,
wenn früher gewechselt wurde.

Auf diese Weise können Lehrer den allgemeinen körperlichen Fortschritt ihrer Schüler verfolgen und vorauszusehende Schwierigkeiten verhindern, die sich in der Reifezeit (Pubertät) ergeben. Um den Schülern die nötige Hilfe und Stütze zu geben, ist rechtzeitiges Eingreifen notwendig.

GRUNDLEGENDE FORMEN

Geometrie und Mathematik sind während der ganzen historischen Entwicklung die Erzieher der menschlichen Intelligenz gewesen und haben den Menschen durch diese Fähigkeit in der Welt der Schöpfung auf seinen einzigartigen Platz gestellt.

Die Fähigkeit, die Grundformen äußerlich und innerlich zu begreifen, hat zu den Errungenschaften der vergangenen Zivilisationen geführt und zur Entwicklung eines modernen Verstandes.

Es sind z.B. in der Form der Spirale alle Richtungen des Raumes in den verschiedensten Bewegungen enthalten - links-rechts, oben-unten, innen-außen, vorwärts und rückwärts. Es ist leicht, eine Spirale von außen her zur Mitte zu zeichnen. Wenn wir jedoch die gleiche Spirale von innen nach außen zeichnen wollen, müssen wir genau aufpassen, welcher Weg zu gehen ist. Wenn wir nicht aufpassen, ob wir auf der linken oder rechten Seite beginnen und nach oben gehen, anstatt nach unten, werden wir zum Schluß eine Spirale haben, die in der umgekehrten Richtung gezeichnet ist - wie in einem Spiegelbild.

Wir finden die erstaunliche Bewegung der Spirale in ihrer Form überall in der Natur - und heute sogar in vielen Haushaltsgeräten und -maschinen.

Diese grundlegenden Formen, wie Hexagramm, Pentagramm, Pyramide etc., die die Menschen so vielfach begleitet haben, werden fortwährend wieder entdeckt und wieder angewandt; von der zwei- bzw. dreidimensionalen Beziehung der Fläche zum Rauminhalt, welche zu den "Eisenschiffen" führte, bis zum exakten Gebrauch der Parallelogramme und sogar in der heutigen Verpackungsindustrie (Papprollen).

Die grundlegenden Formen erheben das Denken der Menschen zur ewigen Wahrheit und machen ihn gleichzeitig zum Herrn der Erde.

Wenn das Kind solchen Formen gegenübergestellt wird, wird es den Sinn dieser Werte begreifen. Sie verbinden es mit seiner Vergangenheit und bringen es in Beziehung mit dem Wahren und dem Schönen. Wenn diese Formen gestaltet werden, wird die innere Intelligenz - der Verstand - angesprochen, was in jedem menschlichen Wesen ver-

ÜBUNGEN FÜR HAUSAUFGABEN

Ineinandergehende Dreiecke

große
Freihand-
zeichnungen

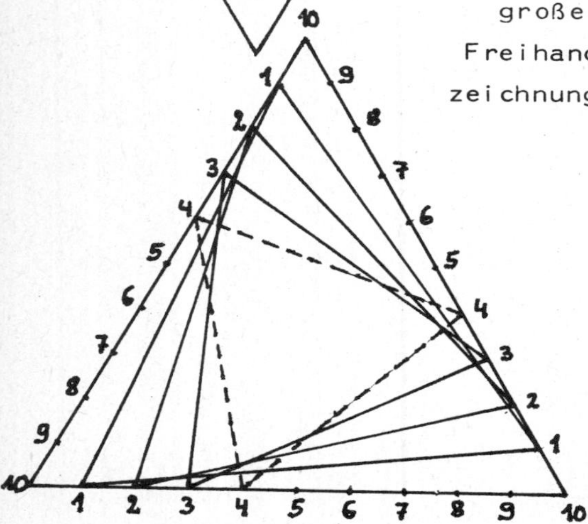

Zählen

Dreiecke aller Arten

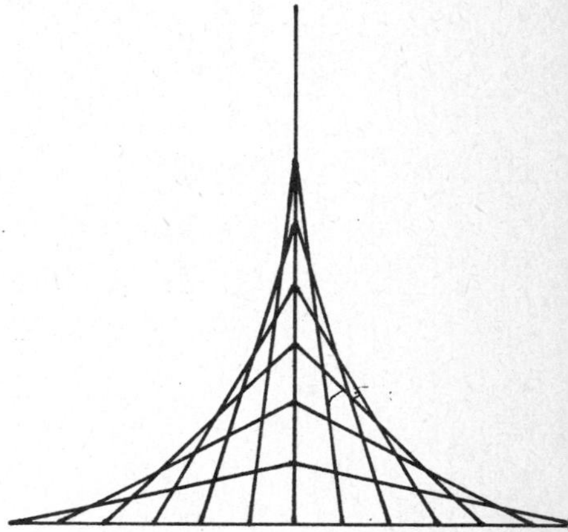

→ Zusammenziehung ←

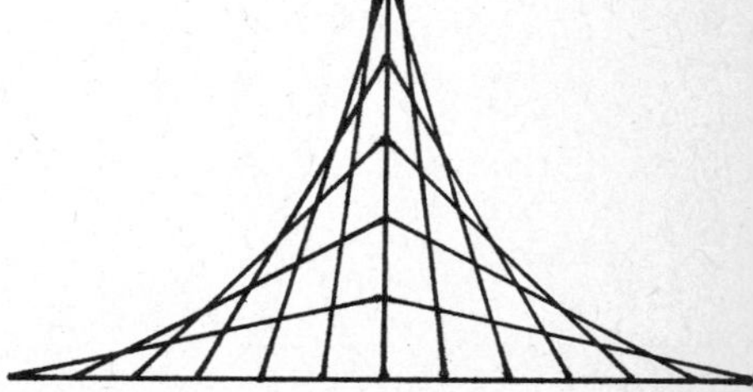

← →

Ausbreiten

Räumliche Lemniskate

anze
eite
enützen

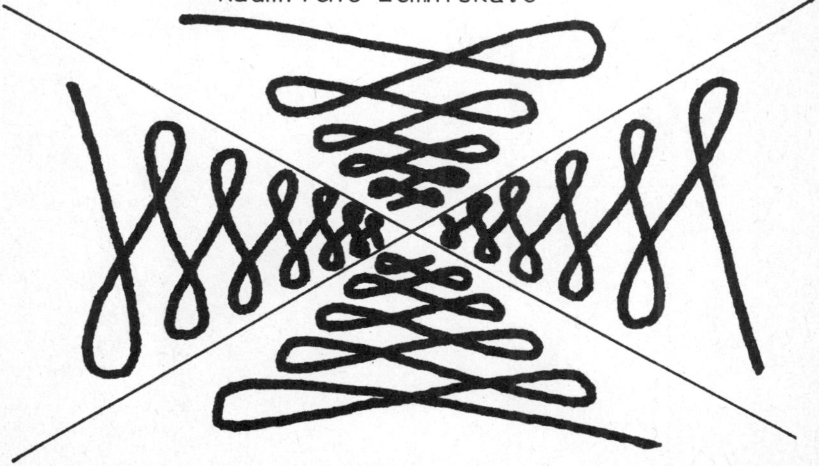

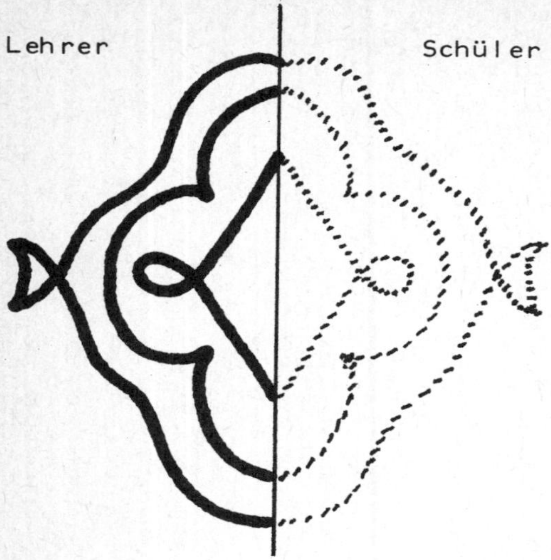

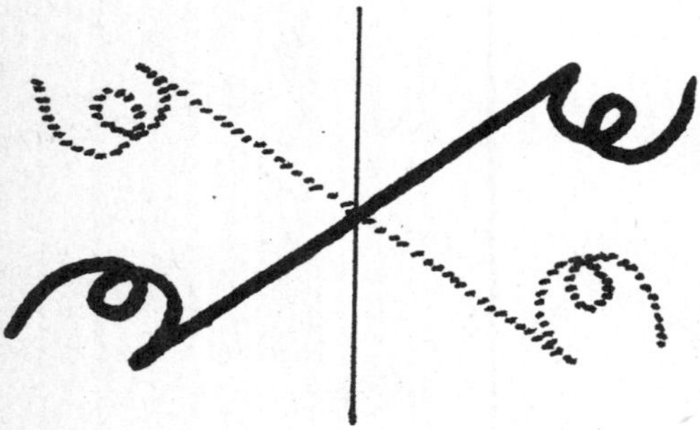

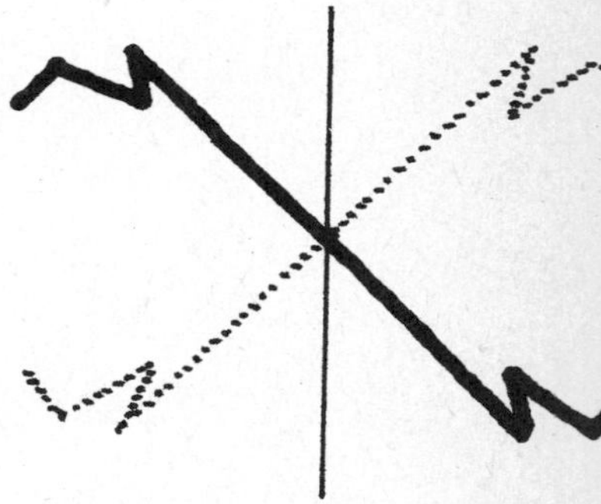

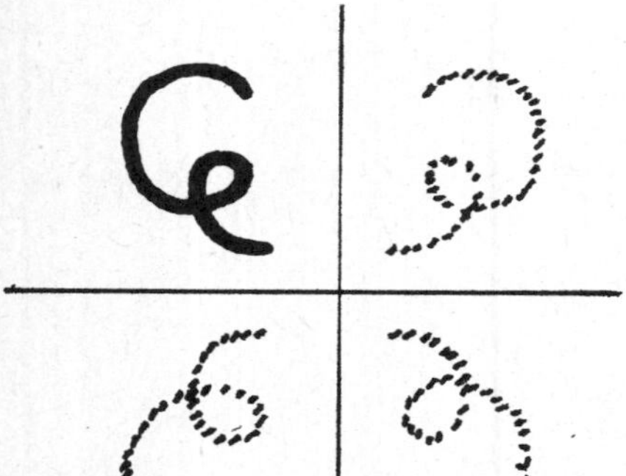

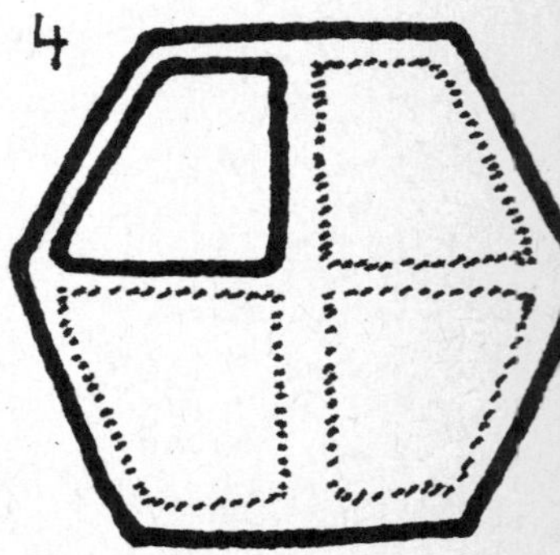

Diese Form soll immer in einem anderen Segment gezeichnet werden

Anzahl u. Position der Form ändern

Sehr groß:
Der Schwung der Bewegung und das Kreuzen in der geraden Linie sind das Wichtige bei dieser Übung

borgen ist.

Der heilende Faktor in der heutigen Zeit muß so geartet sein, daß dem Menschen geholfen werden kann, seine Identität auszubilden, auch angesichts dessen, was er an Vererbtem besitzt und in welche Umwelt ihn das Leben gestellt hat. Dann wird sich in dem Schüler die Fähigkeit entwickeln, für das Morgen das zu behalten, was er heute gelernt hat.

AUSZUG AUS EINER BUCHSTABEN-BILDER-GESCHICHTE

Ein Junge von 13 Jahren war mit einer älteren Schwester und zwei Brüdern, die mit ihm in einer Vorbereitungsschule sind, zusammen. Er weigerte sich zu schreiben und zu lesen:

Er hatte große Mühe, Bilder für die Laute der Buchstaben auszudenken. Das Gedächtnisbild des Lautes "M" war in ihm so stark, daß er Mauseohren für das "M" zeichnete. Als ihm gesagt wurde, daß seine Maus "Katzen"-Ohren hätte, war der Gedanke zur Fabel und für die nachfolgende Erzählung geboren.

Der ursprüngliche Abschluß der Geschichte war weitaus rachsüchtiger und zerstörerischer; leider ging er verloren. Das abschließende Ende wurde durch eingehende Besprechungen der daraus folgenden Begleiterscheinungen erreicht - wenn sich jeder derartig benehmen würde. -

"Dann begann Robin zu leiern: 'Mäuschen hat Katzenohren bekommen, und die Katze hat Mauseohren bekommen'." Das war nun ein sehr ernstes Problem, da es ja wahr war. Die Maus hatte Katzenohren, und die Katze hatte Mauseohren; und was konnte man dagegen tun?
Die Katze schlich sich davon, weil sie verlegen war, und die Maus

kam aus ihrem Loch im Berg, um zu sehen, was so ein schreckliches Getöse macht. Und Robin leierte wiederum: "Mäuschen hat Katzenohren bekommen, und die Katze hat Mauseohren bekommen", und die Maus floh in ihr Loch, um selbst festzustellen, ob sie Katzenohren habe. Und als sie in den Spiegel schaute, hatte sie tatsächlich Katzenohren; und als sie wieder erschien, trug sie ein Kopftuch um ihre Ohren, und das gleiche war's mit der Katze. Beide schauten sehr böse drein. Aber das Geheimnis mußte noch gelöst werden, und so wird es sein. Nur war da ein widerlicher Zauberer, der in der Nähe lebte und immer mit jedermann seine Possen trieb; so beschlossen die beiden, ihm die Schuld an dem Tausch der Ohren zu geben.

Daher gingen sie zu ihm und drohten, sie würden seine Werkstatt zertrümmern und seine Zauberbücher in Stücke zerreißen, sollte er nicht bereit sein, die Ohren wieder zurückzutauschen. Und er war einverstanden und sagte, daß er so etwas nie wieder tun würde."

Zwei Jahre später machte der Schüler seine Abschlußprüfung (in England genannt 'O' = ordinary levels) und hatte einen unerwarteten Fortschritt in seinem gesellschaftlichen Verhalten und in seinen Fähigkeiten zu verzeichnen.

BEMERKUNGEN ZUM ILLUSTRIERTEN "BLUMENSTAB"-TEST

Nr. 1   Ein Schüler

Junge: 13 Jahre, mit Spasmen in den Handmuskeln, wodurch er große Schwierigkeiten gehabt hatte, schreiben zu lernen. Er machte nur kleine Fortschritte, und seine Schrift verschlechterte sich.

Mond- und Sonnentest - umgekehrt

Unfähig, die Füße vom Boden abzuheben, wenn beide Füße zusammengehalten wurden. - Das Gelenk des großen Zehs am linken Fuß war unbeweglich. Einfache Seitigkeit: rechtsäugig, rechtshändig und -füßig. Geringe Sehfähigkeit (Brille war notwendig, bzw. wäre notwendig).

Wöchentlich Unterricht - zwei Jahre lang.

Mond und Sonne ließen sich korrigieren, sobald die Füße gleichzeitig gehoben werden konnen und der große Zeh begann, beweglich zu werden.

Der Junge verließ die Schule mit 16 Jahren. Danach erreichte er vier '0' - levels (englische Schule), d.h. Prüfungen in vier Sachgebieten bzw. Fächern.- Er erwarb eine besondere Auszeichnung in Mathematik.

Nach vier Jahren wieder geprüft: Mond und Sonne korrekt, Blumenstab-Test richtig.

Nr. 2 Ein Schüler

Junge: 11 Jahre alt

Der Blumenstab-Test ist ein typisches Beispiel des "Zusammenbruchs" und der "Flaschenhals"-Abänderungen. Kommt häufig vor bei Kindern mit intellektuellen Fähigkeiten, die auf einer oberflächlichen Stufe stehen geblieben sind - und bei Kindern mit Verhaltensstörungen.

Mond- und Sonnentest: verdreht

Einfache Seitigkeit: rechtsäugig, rechte Hand und Fuß.

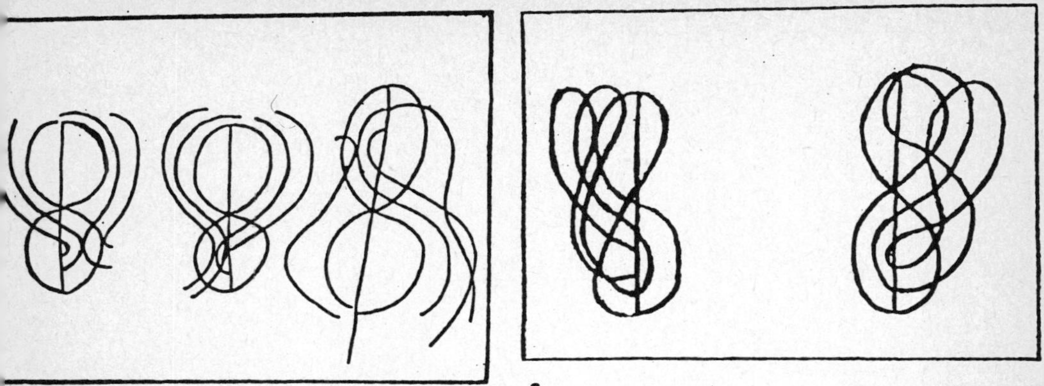

3

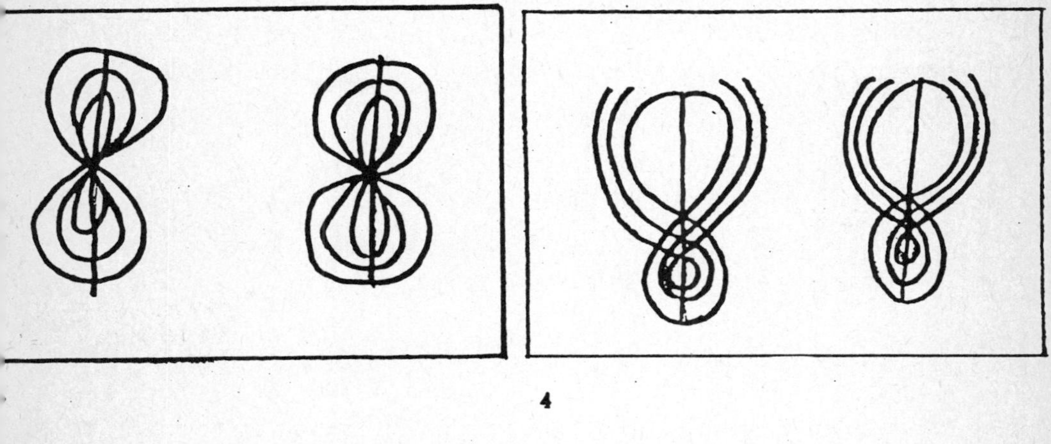

4

Händigkeitstest - chaotisch
Kreuztest: schräges Kreuz auf der rechten Seite.

Ein Kind, das mit der linken Hand Gegenstände aufhebt und sie in die rechte Hand weitergibt. (Siehe S. 80).

Nr. 3 Beispiel aus einem Klassentest
Mädchen: 11 Jahre alt

Gute Arbeit, scheu und mißtrauische bei einer Unsicherheit, die den Eindruck Lügen straft, den es erweckt.

Sonnen- und Mondtest - richtig.
Kreuztest: senkrechtes Kreuz auf der rechten Seite,
Einfache Seitigkeit: linksäugig, rechtshändig und -füßig.

Merke: Sie führte das Teleskop mit der rechten Hand zum linken Auge. Das rechte Auge war durch Muskelbetätigung geschlossen. Sie versuchte, das Teleskop zum rechten Auge hinüberzuwechseln, konnte es aber nicht finden. In diesem Moment waren beide Augen geschlossen. Schließlich mußte sie das linke Auge zuhalten, um mit dem rechten Auge durch das Teleskop sehen zu können.

Blumenstab-Test:

Sie setzte die Linie immer von unten her fort. Wenn sie es auswendig zeichnete, begann sie auf der rechten Seite des "Stabes" und setzte die Linie fort (S. 70).

Nr. 4 Beispiel aus einem Klassentest

Ein Junge von 11 Jahren

Blumenstabübung war so, wie sie sein sollte.
Mond- und Sonnentest: richtig
Kreuztest: schräges Kreuz auf der linken Seite.
Einfache Seitigkeit: rechtsäugig, rechte Hand und Fuß.
Bewegungen waren in allen anderen Tests und Übungen korrekt.

Gutes Zeugnis über die Arbeitsweise und gesellschaftliches Verhalten.

Bemerkung:

Den Bedürfnissen aller Kinder in der Klasse konnte durch Malübungen, Gehen, Klatschen und Rezitieren im Hexameterrhythmus entsprochen werden. Die begabten Kinder fühlten sich wohl, und diejenigen mit Mängeln fanden Entspannung und Gewinn für ihre Fähigkeiten.

Information:

Die Übungen und Tests wurden unabhängig voneinander ausgearbeitet. Der "Sonnen-Mond-Test" ging der perspektivischen "Blau-Rot-Übung" drei Jahre voraus. Diese Übung scheint nicht die Farbwahl im Test festzulegen. Sie wechselt nur, wenn die Bewegungskontrolle, entweder innerlich und/oder äußerlich, erreicht wurde. Die Übung ist dafür gedacht, diese entwickeln zu helfen.

B I B L I O G R A P H I E

Einführende Werke Rudolf Steiners

Praktische Ausbildung des Denkens, Vortrag vom 18.1.1909

Die Erziehung des Kindes vom Gesichtspunkte der Geisteswissenschaft (1909)

Theosophie - Einführung in übersinnliche Welterkenntnis und Menschenbestimmung

Die Geheimwissenschaft im Umriß

Die Philosophie der Freiheit

Philosophie, Kosmologie und Religion, 10 Vorträge (1922)

Literatur, die diesem Buch zugrunde liegt

Anthroposophie, Psychosophie, Pneumatosophie,
12 Vorträge (1909-1911)

Die Welt als Ergebnis von Gleichgewichtswirkungen
drei Vorträge (1914)

Die Sinneszone als eine Art Fortsetzung der Außenwelt; deren objektive Seite im Universum (1917); in: Mysterienwahrheiten und Weihnachtsimpulse. Alte Mythen und ihre Bedeutung (6. Vortrag)

Meditativ erarbeitete Menschenkunde, 4 Vorträge (1920)

Die Gestaltung des Moralisch-Geistigen des Menschen im Schlafe, 2 Vorträge (1921); in: Anthroposophie als Kosmosophie. 2. Teil. Die Gestaltung des Menschen als Ergebnis kosmischer Wirkungen

Quellentexte

Writing - a study of its historical evolution. David Diringer. Thames & Hudson (500-02027-2)

The Care and Development of the Human Senses. W. Aeppli. Rudolf Steiner Fellowship, 1968.
Deutsch: Sinnesorganismus, Sinnesverlust, Sinnespflege, Stuttgart 1955, Verlag Freies Geistesleben

The Fulfilment of Old Age. N. Glas. Anthroposophic Press Inc., New York, 1970.

Learning Disabilities. D. L. Johnson: H. R. Myklebust. Grune & Stratton.

Reading and the Dyslexic Child. R. M. Crosby, Souvenir Press.

The Slow Reader. R. C. Ablewhite. Heinemann.

The First Three Years of the Child. Karl König.
Anthroposophic Press Press, New York. 1969.
Deutsch: Die ersten drei Jahre des Kindes.

Man or Matter. Introduction to a Spiritual Understanding of Nature on the Basis of Toethe's Method of Training Observation and Thought. E. Lehrs. Faber & Faber Ltd., London, 1958.
Deutsch: Mensch und Materie.

Ergänzende Literatur

Die Kunst des Erziehens aus dem Erfassen der Menschenwesenheit. Sieben Vorträge und eine Fragenbeantwortung (1924). Rudolf Steiner.

Vom Seelenwesen des Kindes. Caroline von Heydebrand. Ch. Mellinger Verlag, Stuttgart.

The Voyage through Childhood into the Adult World. A Description of Child Development. E. Frommer. Pergamon Press, Oxford, 1969.

The Recovery of Man in Childhood. A study in the Educational Work of Rudolf Steiner. A. C. Harwood, Hodder & Stoughton, London 1958.

An Experiment in Education. S. Marshall. Cambridge Press, 1966.

Teacher. Sylvia Ashton Warner. Penguin Books, 1966.

Eurythmy and the Impulse of the Dance, with sketches of the Eurythmy Figures, by Rudolf Steiner. Written in collaboration by Marjorie Raffee, Cecil Harwood, Marguerite Lundgren. Rudolf Steiner Press, London, 1974.

Eurythmy - A Collection of Articles about Eurythmy with photographs and diagrams. Compiles by E. pouderoyen. The Eurythmy Association of Southern California, Los Angeles. 1971.

Eurythmie als sichtbare Sprache, 16 Vorträge (1924). Rudolf Steiner.

In search of Self. Dibs. V. M. Axline, Gollancz & Penguin.

Brothers and Sisters. A Study in Child Psychology. Karl König. (85440 240.3). Anthroposophic Press Inc., New York, 1963.
Deutsch: Brüder und Schwestern - Geburtenfolge als Schicksal Vandenhoeck & Ruprecht.

My left Foot. Christy Brown. Secker, 1954.
Deutsch: Mein linker Fuß. Verlag Henssel, Berlin.

Take-Time: Exercises in co-ordination, rhythm and timing for children with specific difficulties related to language. Mary Nash-Wortham.

Material für Lehrer

Zeichnen - Sehen lernen. A. U. Clausen & M. Riedel. Ch. Mellinger Stuttgart, 1968.

The King of Ireland's Son. Padric Colum, MacMillan, New York, 1962.
Deutsch: Der Königssohn von Irland, Ogham-Verlag, Stuttgart 1981.

Myths of the World. Padric Colum. Universal Library, Grosset & Dunlap, New York. (Published as Orpheus by MacMillan, 1930).

The Meeting Pool Mervyn Skipper, Puffin Books. For all ages, especially suitable for older children to make their own endings to the storie.

Essentials in Teaching and Testing Spelling. Fred J. Schonell, MacMillan.

Entfaltung schöpferischer Kräfte durch lebendiges Formenzeichnen. Rudolf Kutzli. Verlag Die Kommenden, Freiburg.

Weitere Literatur in deutscher Sprache findet sich in den Verzeichnissen der anthroposophischen Verlage.

INDEX

MENSCHENKUNDE UND ERZIEHUNG

Schriften der Pädagogischen Forschungsstelle beim Bund der Freien Waldorfschulen

1 Die Strafe in der Selbsterziehung und in der Erziehung des Kindes. Von Erich Gabert. 118 Seiten, kart.

2 Autorität und Freiheit in den Entwicklungsjahren – Das mütterliche und das väterliche Element in der Erziehung. Von Erich Gabert. 76 Seiten, kart.

4 Erziehungskunst aus Gegenwart des Geistes. Von E. Schwebsch. 178 Seiten, Pappband.

5 Zur ästhetischen Erziehung. Von Erich Schwebsch. 216 Seiten, Pappband.

7 Logarithmen für Jedermann. Von Ernst Bindel. 98 Seiten, kart.

8 Sinnesorganismus – Sinnesverlust – Sinnespflege. Von Willi Aeppli. 112 Seiten, kart.

11 Krankheitsepochen der Kindheit. Von Walter Holtzapfel. 100 Seiten, kart.

12 Stoffeswelt und Menschenbildung. Teil I. Von Frits H. Julius. 86 Seiten, kart.

14 Handarbeit und Kunstgewerbe. Von H. Hauck. 396 Seiten, 6 Taf. fbg., 24 Taf. schw.-weiß, Ln.

15 Lehrerbildung im Sinne der Pädagogik Rudolf Steiners. Von Erich Gabert. 64 Seiten, kart.

16 Deutsche Sprachlehre der Volksschulzeit. Von Martin Tittmann. 175 Seiten, kart.

17 Die ersten drei Jahre des Kindes. Von Karl König. 110 Seiten, kart.

18 Wesen und Ausbildung der Urteilskraft. Von Willi Aeppli. 80 Seiten, kart.

20 Grundlagen einer phänomenologischen Chemie. Stoffeswelt und Menschenbildung. Teil II. Von Frits H. Julius. 317 Seiten, Ln.

21 Menschenbildung aus Kunstverständnis. Von Hildegard Gerbert. 162 Seiten, kart.

22 Von der heilenden Kraft des Wortes und der Rhythmen. Von Heinz Müller. 117 Seiten, kart.

23 Das Tier zwischen Mensch und Kosmos. Von Frits H. Julius. 324 Seiten, Ln.

24 Die Hiberniaschule. Von K. J. Fintelmann. 170 Seiten, 16 Abb., kart.

25 Erziehung zur Freiheit. Die Pädagogik Rudolf Steiners. Von Frans Carlgren/Arne Klingborg. 208 Seiten, 250 meist farbige Abbildungen, großes Querformat, Leinen.

26 Säugetiere und Mensch. Zur Gestaltbiologie vom Gesichtspunkt der Dreigliederung. Von Wolfgang Schad. 296 Seiten mit 95 Zeichnungen, 44 Schwarzweiß- und 4 Farbtafeln, geb. Pappbd.

27 Der Anfangsunterricht im Schreiben und Lesen. Von E. Dühnfort u. E. M. Kranich. 82 Seiten, kart.

28 Die Bedeutung der Phantasie für Emanzipation und Autonomie des Menschen. Von Erhard Fucke. 94 Seiten, kart.

29 Der künstlerische Unterricht in der Waldorfschule. Malen und Zeichnen. Von Margrit Jünemann / Fritz Weitmann. 244 Seiten mit 30 farb. Abb. Ln.

30 Die Sozialgestalt der Waldorfschule. Von Stefan Leber. 240 Seiten, kart.

31 Lichtlehre. Von Frits H. Julius. (In Vorbereitung.)

32 Bildgestaltung und Gestaltenbilder. Aufsätze zum Kunstunterricht in der Freien Waldorfschule. Von Ernst Uehli. 99 Seiten, kart.

33 Die Formensprache der Pflanze. Beiträge zu einer kosmologischen Botanik. Von Ernst Michael Kranich. 192 Seiten mit 64 Zeichnungen, kart.

34 Von der Zeichensprache des kleinen Kindes. Spuren der Menschwerdung. Von Michaela Strauss. Mit menschenkundlichen Anmerkungen von Wolfgang Schad. 96 Seiten mit 25 farb. u. 60 einfarbigen Abb. Pappband.

35 Bewegungsbild und menschliche Gestalt. Vom Wesen der Leibesübungen. Von Peter Prömm. 192 Seiten, kart.

36 Lautwesenskunde. Erziehung und Sprache. Von Martin Tittmann. 158 Seiten.

37 Erziehungsaufgaben und Menschheitsgeschichte. Gesammelte Aufsätze von Walter J. Stein. 94 Seiten.

38 Der Sprachbau als Kunstwerk. Grammatik im Rahmen der Waldorfschule. Von Erika Dühnfort. 344 Seiten.

39 Geschlechtlichkeit und Erziehungsauftrag. Ziele und Grenzen der Geschlechtserziehung. Von Stefan Leber. 140 S., kart.

40 Die Waldorfschule baut. Architektur der Waldorfschule 1920–1980. Von Rex Raab und Arne Klingborg. (In Vorbereitung)

41 Zeugnis-Sprüche. Eine Sammlung von ca. 400 Zeugnissprüchen für die Klassen 1–8. Von Martin Tittmann. 177 S., kart.

42 Gymnastische Erziehung. Von Fritz Graf v. Bothmer. Herausgegeben von Dr. G. Husemann. Zweite, bearbeitete und erweiterte Auflage. Mit zahlreichen Abbildungen. 176 Seiten, Pappband.

VERLAG FREIES GEISTESLEBEN STUTTGART

Heilpädagogik aus anthroposophischer Menschenkunde

Schriftenreihe der Medizinischen Sektion am Goetheanum

1 **Zum Heilpädagogischen Kurs Rudolf Steiners**
Mit Aufsätzen von Rudolf Grosse, Hellmut Klimm, Hermann Poppelbaum, Georg von Arnim, Walter Holtzapfel und Georg Unger.
2. Auflage, 115 Seiten, kartoniert.

2 **Beiträge zur heilpädagogischen Methodik**
Mit Aufsätzen von Hans Müller-Wiedemann, Kurt Vierl, Georg und Veronika Goelzer und Carlo Pietzner.
2. Auflage, 120 Seiten, kartoniert

3 Hermann Kirchner
Die Bewegungshieroglyphe als Spiegel von Krankheitsbildern
Ein Beitrag zum Heilpädagogischen Kurs Rudolf Steiners.
43 Seiten, 256 z. T. farbige Reproduktionen von Kinderzeichnungen, kartoniert

4 Karl König – Georg von Arnim – Ursula Herberg
Sprachverständnis und Sprachbehandlung
119 Seiten, kartoniert.

5 Karl König
Sinnesentwicklung und Leiberfahrung
Heilpädagogische Gesichtspunkte zur Sinneslehre Rudolf Steiners.
2. Auflage, 124 Seiten, kartoniert.

6 **Der frühkindliche Autismus als Entwicklungsstörung**
Erscheinungsformen und Hintergründe.
Mit Beiträgen von W. Holtzapfel, H. Klimm, K. König, J. Lutz, H. Müller-Wiedemann und Thomas J. Weihs
194 Seiten, kartoniert.

VERLAG FREIES GEISTESLEBEN